A COR DAS EMPREGADAS

A INVISIBILIDADE RACIAL NO DEBATE DO TRABALHO DOMÉSTICO REMUNERADO

TAMIS PORFÍRIO

A COR
DAS EMPREGADAS

A INVISIBILIDADE RACIAL NO DEBATE DO TRABALHO
DOMÉSTICO REMUNERADO

 | TEMPORADA

Copyright © 2021 by Editora Letramento
Copyright © 2021 by Tamis Porfírio

Diretor Editorial | Gustavo Abreu
Diretor Administrativo | Júnior Gaudereto
Diretor Financeiro | Cláudio Macedo
Logística | Vinícius Santiago
Comunicação e Marketing | Giulia Staar
Assistente Editorial | Matteos Moreno e Sarah Júlia Guerra
Designer Editorial | Gustavo Zeferino e Luís Otávio Ferreira
Capa | Fábio Brust
Revisão | Daniel Rodrigues Aurélio
Diagramação | Isabela Brandão

Todos os direitos reservados.
Não é permitida a reprodução desta obra sem
aprovação do Grupo Editorial Letramento.

Dados Internacionais de Catalogação na Publicação (CIP) de acordo com ISBD

P835c   Porfírio, Tamis

A cor das empregadas: a invisibilidade racial no debate do trabalho doméstico remunerado / Tamis Porfírio. - Belo Horizonte : Letramento ; Temporada, 2021.
152 p. ; 15,5cm x 23,5cm.

Inclui bibliografia.
ISBN: 978-65-5932-073-8

1. Raça. 2. Gênero. 3. Classe. 4. Sociologia do Trabalho. 5. Trabalho doméstico remunerado. 6. Emprego doméstico. 7. Trabalhadoras domésticas. 8. Trabalhadoras domésticas negras. 9. Mulheres negras. 10. Interseccionalidade. 11. Consubstancialidade. I. Título.

2021-2313

CDD 305.8
CDU 323.14

Elaborado por Vagner Rodolfo da Silva - CRB-8/9410

Índice para catálogo sistemático:
1. Raça 305.8
2. Raça 323.14

Belo Horizonte - MG
Rua Magnólia, 1086
Bairro Caiçara
CEP 30770-020
Fone 31 3327-5771
contato@editoraletramento.com.br
editoraletramento.com.br
casadodireito.com

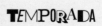

Temporada é o selo de novos autores do
Grupo Editorial Letramento

Este livro é resultado da dissertação de mestrado submetida ao Programa de Pós-Graduação em Ciências Sociais do Instituto de Ciências Humanas e Sociais da Universidade Federal Rural do Rio de Janeiro (UFRRJ), sob a orientação da professora-doutora Moema de Castro Guedes, em 2019, com o título original A cor das empregadas: desigualdades de gênero, raça e classe no cotidiano do trabalho doméstico remunerado do Rio de Janeiro.

Dedico este livro às trabalhadoras domésticas que vivenciam um cotidiano de luta e perseverança. Dedico, também, às mulheres de minha família por toda sua coragem e força.

AGRADECIMENTOS

Quero agradecer primeiramente a Deus por ter possibilitado que eu vivesse todas as experiências educacionais e acadêmicas até aqui. Por ter me dado força, ânimo e estabilidade para que me mantivesse firme. Por ter sido um grande amigo e o maior de todos os meus apoiadores. Obrigada por nunca me deixar sozinha e sempre colocar pessoas incríveis na minha vida que são o meu alento e a minha alegria.

Agradeço à minha orientadora, Moema Guedes, que me acompanhou desde a graduação sempre me fortalecendo, escutando, sendo paciente, cuidadosa e dando espaço para as minhas ideias. Obrigada por nunca me tolher e por compreender meus momentos e minha forma de pensar. Mas, principalmente, obrigada por todos os conselhos, direcionamentos e formação.

Quero agradecer aos meus pais e avós maternos. Vocês me fizeram forte e me deram as bases necessárias para enfrentar os percalços pelo caminho. Vocês nunca foram perfeitos, mas me deram exemplos inspiradores que levarei para o resto da vida. Obrigada por se preocuparem com meus estudos, por se esforçarem muito para me dar as condições necessárias para que eu pudesse me preocupar apenas com eles. Obrigada por me fazerem acreditar que eu podia ser um pouco mais. Eu amo vocês!

Obrigada ao meu marido que sempre foi muito compreensivo. Obrigada por me ouvir e por se importar, por compartilhar a vida comigo, seja ela boa ou difícil. Me sinto muito grata por todo apoio e carinho. Eu te amo!

Agradeço a minha turma de mestrado. Foi muito mais leve essa caminhada enquanto pude compartilhá-la com vocês. Muitas vezes, a pesquisa pode ser solitária e angustiante; por isso, ter outras pessoas que compartilham da mesma experiência é essencial.

Em relação às trabalhadoras domésticas que se dispuseram a conceder suas entrevistas para que esta pesquisa fosse possível, nem sei como agradecer! Obrigada pela experiência de escuta e aprendizado; vocês me possibilitaram crescimento intelectual e pessoal. Muito obrigada!

Agradeço à Fundação de Amparo à Pesquisa do Estado do Rio de Janeiro (FAPERJ) pela concessão da bolsa de mestrado que me possibilitou dedicação exclusiva a esta pesquisa.

Quero fazer um agradecimento especial ao ex-presidente Luíz Inácio Lula da Silva por ter gerado as condições políticas, sociais e econômicas necessárias, as quais possibilitaram que eu fosse a primeira de minha família a ingressar em uma universidade pública. Obrigada por tudo que fez pela população negra e pobre deste país. O senhor é um homem memorável!

INTRODUÇÃO 13

**CAPÍTULO 1. MARCOS TEÓRICOS: O GÊNERO, A RAÇA
E A CLASSE EM CONTEXTO DE TRABALHO DOMÉSTICO REMUNERADO** 21

1.1. TRABALHO DOMÉSTICO REMUNERADO E DESIGUALDADES: AUTORAS
BRASILEIRAS CONTEMPORÂNEAS E A POUCA CENTRALIDADE DA TEMÁTICA RACIAL 23

1.2. TEORIAS DE IMBRICAÇÃO DE CATEGORIAS DE DESIGUALDADE:
INTERSECCIONALIDADE E CONSUBSTANCIALIDADE 38

INTERSECCIONALIDADE E CONSUBSTANCIALIDADE:
ORIGENS, APROXIMAÇÕES E DIVERGÊNCIAS 38

1.3. GÊNERO, RAÇA E CLASSE: SUAS ARTICULAÇÕES
E O TRABALHO DOMÉSTICO REMUNERADO 45

1.4. MUCAMAS E EMPREGADAS DOMÉSTICAS:
ESTEREÓTIPOS E REPRESENTAÇÕES 48

**CAPÍTULO 2. DIVISÃO SEXUAL E RACIAL DO TRABALHO:
RELAÇÕES SOCIAIS QUE SEGREGAM E HIERARQUIZAM** 55

2.1. DIVISÃO SEXUAL DO TRABALHO: O PROCESSO
DE GENERIFICAÇÃO DOS PAPEIS SOCIAIS 57

2.2. A FEMINIZAÇÃO DO TRABALHO:
INSERÇÃO À CUSTA DE PRECARIZAÇÃO 61

2.3. CONCILIAÇÃO OU TENSÃO? A "DIVISÃO"
FAMILIAR DO TRABALHO PRODUTIVO E REPRODUTIVO 66

2.4. DIVISÃO RACIAL DO TRABALHO: ESTRATIFICAÇÃO INTRAGÊNERO 68

**CAPÍTULO 3. "MANDA QUEM PODE, OBEDECE QUEM TEM JUÍZO":
DESIGUALDADES VIVENCIADAS** 77

3.1. PERCURSOS METODOLÓGICOS 79

3.2. EMPREGO DOMÉSTICO: OPÇÃO OU IMPOSIÇÃO? 84

3.3. A HEREDITARIEDADE DO EMPREGO DOMÉSTICO 90

3.4. O DESVALOR DO TRABALHO DOMÉSTICO EXPLORADO 95

CAPÍTULO 4. "MÁQUINAS DE TRABALHO QUE NÃO TÊM DIREITO A NADA": O ESTEREÓTIPO, O RACISMO E A DESUMANIZAÇÃO — 107

4.1. CONTRASTES DE RAÇA, CLASSE E GÊNERO — 109

4.2. O CONTROLE E A MESQUINHEZ DOS PATRÕES — 122

4.3. AFETIVIDADES ENTRE DESIGUALDADES — 125

4.4. PLENOS DIREITOS PARA O TRABALHO DOMÉSTICO REMUNERADO: UM GRANDE PASSO PARA A HUMANIZAÇÃO — 131

CONSIDERAÇÕES FINAIS — 137

REFERÊNCIAS BIBLIOGRÁFICAS — 143

ANEXO — 149

ANEXO 1- ROTEIRO DE ENTREVISTAS APLICADO ÀS TRABALHADORAS DOMÉSTICAS — 149

INTRODUÇÃO

Este livro é fruto de uma pergunta sociológica muito presente no meu percurso enquanto estudante de Ciências Sociais: quais os processos e mecanismos que estruturam grandes abismos entre as classes sociais, principalmente entre as classes médias e as classes mais baixas? Esta pergunta já me levou a querer ter como objeto de estudos a classe média brasileira. Depois, pensei em me concentrar no que foi chamado, sobretudo pelo pensamento economicista e depois pela grande mídia, a partir de 2008, de a "nova classe média brasileira" (NERI, 2008). Mas foi somente a partir da disciplina de Sociologia do Trabalho, ministrada na graduação por minha orientadora, que decidi estudar as trabalhadoras domésticas.

Talvez eu tenha chegado a essa categoria por me possibilitar fazer uma espécie de inversão na perspectiva de análise, no sentido de poder investigar a relação e os contrastes sociais a partir das classes mais baixas, aquelas que servem aos que estão acima. A temática me instigou justamente pela possibilidade de explorar os mecanismos de manutenção da tão prezada distinção das classes médias e altas em contraste às classes mais baixas.

Aliada a isso, estava a possibilidade de aprofundar os estudos acerca do trabalho, que tanto chamaram minha atenção em tempos de graduação. Foi a partir desse contato que o meu tema de pesquisa passou a ficar mais claro. A busca por entender os processos de estratificação e desigualdade no mundo do trabalho me levou a querer explorar temáticas como gênero e raça. Dessa forma, despertaram-me maior interesse também em como operavam nas relações sociais mais amplas enquanto marcadores sociais da diferença.

A partir disso, apresento aqui o que construí durante dois anos de pesquisa, com o intuito de contribuir com alguns debates da Sociologia do Trabalho e dos estudos sobre o trabalho doméstico remunerado no Brasil, principalmente aqueles que têm como foco as diferentes desigualdades presentes nesse meio. Priorizo uma perspectiva que aborda como as relações sociais de gênero, raça e classe, de forma imbricada, estão intrínsecas de um modo profundo às relações estabelecidas no âmbito do trabalho doméstico remunerado.

O mundo do trabalho é ordenado a partir de divisões baseadas em alguns princípios organizadores que operam marcadamente através do sexo/gênero, da raça e da classe. Tais divisões se fazem de forma a estabelecer relações sociais de dominação, exploração e opressão, as quais todos os tipos de trabalho estão inseridos, ainda que de formas mais ou menos acentuadas. O trabalho doméstico remunerado, objeto desta pesquisa, está tão submerso nessas divisões que se configura como um *lócus* privilegiado de análise por reunir os principais aspectos segregadores e hierarquizantes da divisão social do trabalho.

Se olharmos para tais divisões contextualizadas ao trabalho doméstico remunerado com uma lente de aproximação, podemos observar seus desdobramentos em um ambiente de afetividade, intimidade e familiaridade, que é o lar. Essas especificidades do trabalho doméstico combinadas à vivência de desigualdades de raça, gênero e classe trazem à tona aspectos de muita complexidade, que se configuraram como desafios ao longo do processo de pesquisa. Em uma perspectiva mais estrutural, esses eixos engendram diferenças geradoras de desvalorizações tão profundas que chegam até mesmo a descaracterizar esse tipo de ocupação enquanto um trabalho, no sentido de trabalho decente,[1] dotando o trabalho doméstico remunerado de características servis, exploratórias e de dominação que historicamente foram construídas a partir de sua origem no Brasil, a escravidão.

Tais características afetam diretamente o cotidiano de trabalho dessas mulheres, assim como os relacionamentos com seus patrões, que são moldados pelas diferenças, hierarquias e todos os estereótipos e estigmas que acompanham essas desigualdades. Nesse sentido, também é importante pensar como essas relações desiguais foram sendo cultivadas e, ao mesmo tempo, remodeladas no curso da história.

---

[1] "O Trabalho Decente é o ponto de convergência dos quatro objetivos estratégicos da OIT: o respeito aos direitos no trabalho (em especial aqueles definidos como fundamentais pela Declaração Relativa aos Direitos e Princípios Fundamentais no Trabalho e seu seguimento adotada em 1998: (i) liberdade sindical e reconhecimento efetivo do direito de negociação coletiva; (ii) eliminação de todas as formas de trabalho forçado; (iii) abolição efetiva do trabalho infantil; (iv) eliminação de todas as formas de discriminação em matéria de emprego e ocupação), a promoção do emprego produtivo e de qualidade, a extensão da proteção social e o fortalecimento do diálogo social. Disponível em <http:// https://www.ilo.org/brasilia/temas/trabalho-decente/lang--pt/index.htm > Acesso em: 24 mai. 2021.

Como panorama desse debate, propomos uma breve caracterização estatística que demonstra quem são esses sujeitos e sob quais condições desempenham esse trabalho no Brasil e no Rio de Janeiro desde tempos coloniais.

Segundo dados da Pesquisa Nacional por Amostra Domiciliar (PNAD/IBGE), em 2014 o trabalho doméstico remunerado empregava 14% do total da população feminina economicamente ativa. Desse contingente, apenas 31,6% possuíam carteira assinada. Isso configura tal segmento como um reduto com importantes impactos sobre os diferenciais de gênero no mercado de trabalho. Cerca de 92% da categoria é composta por mulheres, o que corresponde a 5,9 milhões de brasileiras. No quesito racial, 61% dessas trabalhadoras são negras (PNAD/IBGE, 2011).

No Sudeste, segundo a PNAD/IBGE de 2011, observamos que 30,6% das trabalhadoras domésticas possuem carteira assinada, o maior índice dentre as grandes regiões geográficas do Brasil. Esse dado sugere que as condições de trabalho aqui observadas seriam melhores que a média brasileira. Porém, nesse cenário, as negras estão em desvantagem, sendo apenas 29,4% delas formalizadas, enquanto 32,3% das brancas o são. No Sudeste, observamos também o maior aumento de domésticas negras do país,[2] passando de 52,3%, para 57,2% em 2011 (DIEESE, 2013).[3] O crescimento do peso relativo de mulheres negras nesse contingente de trabalhadoras é uma tendência observada nos últimos anos.

No Rio de Janeiro, dados do IBGE do ano de 2009 mostram que 8,5% da população economicamente ativa era empregado doméstico, sendo a maioria absoluta desse contingente feminino, pois em âmbito nacional, as mulheres representavam 94,5% dos trabalhadores domésticos no mesmo ano.[4] Apenas 33,3% desses trabalhadores do Rio de Janeiro possuem carteira assinada, sendo 66,6% dos empregados domésticos do estado negros.

---

2 Apesar de o Sudeste apresentar o maior índice de enegrecimento, não é a região que concentra o maior índice de domésticas negras, pois, no Nordeste, 79,5% da categoria em 2011 era composta por negras.

3 Nas demais regiões, a tendência ao enegrecimento da categoria também se apresenta, exceto na região Norte, sendo assim: 3,7% no Nordeste; 4,2% no Sul; 0,9% no Centro-oeste e, em âmbito nacional, 4,4%.

4 Em função das limitações dos dados recolhidos pelo IBGE, não pudemos desagregá-los por gênero.

A atual realidade do trabalho doméstico remunerado, estampada nos dados estatísticos, é reflexo direto de uma história escravista e colonial que, interpretada em números, também demonstrava uma imensa desigualdade de gênero, raça e classe. Nesse sentido, Graham (1992) constrói uma pesquisa referencial relativa ao conhecimento e análise sobre os recenseamentos gerais produzidos, principalmente, na década de 1870 e no ano de 1906, da qual foi possível extrair informações relevantes sobre o trabalho doméstico no Rio de Janeiro.

Segundo os dados elaborados pela autora, em 1870, 63% das mulheres livres e 88% das mulheres escravas tinham um emprego; desse contingente, 61% das trabalhadoras livres eram serviçais domésticas, enquanto que 90% das mulheres escravas desempenhavam essa ocupação. Esse dado demonstra a alta concentração feminina na profissão, que se configura como um padrão histórico. Das criadas domésticas do Rio de Janeiro no mesmo ano, 57% delas eram livres e 43% escravas. Ainda em 1870, as serviçais domésticas compreendiam cerca de 71% de todas as trabalhadoras mulheres do Rio de Janeiro. Em 1872, os homens constituíam apenas 15% do total de trabalhadores domésticos, demonstrando sua pequena participação nesse tipo de ocupação na referida década.

Um elemento importante nesse debate é que havia bastante imprecisão em relação à raça das trabalhadoras que compunham a categoria das "mulheres livres" nesse período histórico. Diante disso, não sabemos com clareza quantas dessas eram brancas e quantas eram negras libertas, já que, por volta dos anos de 1870, o Brasil se encontrava em uma época de gradativa diminuição de mão de obra escrava e muitos deles já estavam sendo libertos (SOUZA, 2013). A categoria cor/raça sequer era incluída nos recenseamentos. No entanto, segundo Souza (2013), em 1872 foi estimado que o número de escravos domésticos no Rio de Janeiro – sem desagregação por sexo – era de 22.843 (o que representava 41%), sendo 32.169 o total de trabalhadores domésticos livres (58,7% da categoria). Chama atenção o fato de que entre os trabalhadores domésticos livres era significativo o número de estrangeiros e libertos.

Em 1890, ano em que a maioria dos escravos já se encontrava em liberdade, foi produzido um recenseamento que possibilitou a desagregação por cor/raça, sendo identificados aproximadamente 52% dos criados domésticos do Rio de Janeiro como negros e mestiços (HAHNER, 1993 apud SOUZA, 2013), enquanto que apenas 16% da categoria era formada por imigrantes europeus. Dessa forma, dentre as trabalhadoras domésticas, podemos concluir que mesmo entre as que possuíam *status* legal de liberdade, a maioria delas era composta por mulheres negras libertas ou descendentes de africanos.

Portanto, podemos considerar que todas as mulheres contabilizadas como escravas eram negras, o que ressalta a quase totalidade das mulheres negras escravas do Rio de Janeiro – 90% no total – como serviçais domésticas. O quadro delineado aponta que a desigualdade de gênero e de raça constituinte dessa ocupação vem de longe e a sua desconstrução caminha a passos curtos e lentos. Em termos de gênero e raça, as mulheres negras sempre representaram a ampla maioria desse segmento, tanto entre livres, quanto entre escravos.

Se considerarmos que as relações de trabalho são reflexos das relações sociais mais amplas, é de interesse desta pesquisa analisar como as relações de desigualdade presentes no cotidiano do trabalho doméstico no Rio de Janeiro (re) produzem tais relações também no cotidiano e na identidade social dessas mulheres. Como essas domésticas vivenciam o ser mulher, negra/branca e pobres em contraste com suas patroas e patrões, inseridas em uma sociedade altamente patriarcal, racista e classista como a brasileira.

No primeiro capítulo, além de expor as teorias utilizadas para embasar esta pesquisa, procuro questionar a ausência de centralidade da temática racial na produção das principais autoras brasileiras contemporâneas que pensam o trabalho doméstico remunerado. Considero que, apesar de terem dado grandes e substanciais contribuições sobre o tema, essas autoras acabaram optando por conferir ao gênero e à classe centralidade maior, analisando a raça (quando o fazem) sem o devido desdobramento analítico, importante em uma sociedade escravocrata como a nossa. Busco, a partir da discussão das teorias de consubstancialidade e interseccionalidade, pensar a raça de modo tão central quanto gênero e classe, já que as três categorias se entrecruzam permanentemente no universo pesquisado. Finalizo o capítulo ao me concentrar nos estereótipos produzidos, a partir de desigualdades, hierarquias de gênero e raça direcionados às mulheres negras a fim de demonstrar o peso e as consequências de tais imagens fixas sobre essas mulheres, como a falta de autonomia em construírem suas próprias imagens identidades e individualidades e como isso é um fator dificultador do processo de humanização, individualização e ascensão social para elas.

No segundo capítulo concentrarei-me especificamente nas formas de divisão social do trabalho baseadas em gênero, classe e raça e como tais princípios organizadores e suas bases afetam o trabalho doméstico remunerado. Busco compreender o que significaria a sobrerrepresentação de mulheres negras nessa categoria; o que permeia o mundo do trabalho no Brasil que o torna tão propício à materialização de um imaginário social que coloca a mulher no papel de cuidadora, a partir das ideologias que baseiam a atribuição de gênero aos papeis sociais. No caso da mulher negra, chamamos atenção para o lugar de servidão a partir de estereótipos e ideologias que as concebem como "superaptas" ao trabalho doméstico e de cuidado sem valor. Particularmente, a mulher negra e pobre é pensada como aquela que assume o lugar da "dona do lar" na medida em que a entrada feminina branca e de classe média no mercado de trabalho se amplia. Nesse sentido, é interessante problematizar a escassez de tempo dessas mulheres para o desempenho do trabalho reprodutivo e as tensões ocasionadas pelo processo de delegação desse tipo de trabalho.

A partir do terceiro capítulo adentro a parte empírica da pesquisa, realizada a partir de entrevistas em profundidade com dez trabalhadoras domésticas, residentes no estado do Rio de Janeiro, sendo cinco delas diaristas e cinco mensalistas. Dentre essas mulheres, nove se autodeclararam negras (pretas ou pardas) e apenas uma, branca. As entrevistas ocorreram de forma semiestruturada, duraram cerca de uma hora e meia cada uma, com utilização de gravador, objetivando captar o cotidiano de desigualdades vivenciadas por essas trabalhadoras. Ainda no capítulo abordo questões como o fato do emprego doméstico se configurar como uma opção viável e, muitas vezes, imposta às mulheres negras e brancas pauperizadas e sem qualificação profissional. Essa condição pode tomar características hereditárias, uma vez que a situação social dessas mulheres se perpetua de forma precária e subalterna, não apresentando condições de oferecer a ascensão social às suas filhas, sem o auxílio de políticas públicas ou outros meios que alavanquem ou possibilitem tal ascensão. Além disso, trato do cotidiano frequentemente humilhante e carregado de desvalorização e exploração do trabalho dessas mulheres, muito influenciado por sua raça, gênero e classe, uma vez que as relações de poder e hierarquia entre patrões e empregadas são percebidas pelas próprias trabalhadoras domésticas, de acordo com seus relatos. Além da condição de subalternidade, tento concentrar-me no capítulo empírico e também no seguinte, nos traços de agência presentes no cotidiano de trabalho dessas mulheres que visam a todo o momento conquistar mais autonomia, valorização e poder de escolha a partir de atos cotidianos de resistência.

No quarto e último capítulo, volto-me mais especificamente às desigualdades que são perceptíveis no relacionamento entre patrões e empregadas, visto a partir da concepção das últimas. Trato de como os estereótipos e estigmas direcionados a essas mulheres negras como a desonestidade, a sexualidade desenfreada, a imoralidade e a irracionalidade são claramente percebidas por elas e moldam seus relacionamentos no trabalho. Abordo também como essas mulheres são desconsideradas enquanto indivíduos e são desumanizadas, não apenas pela sua ocupação profissional, mas pelo o que são – mulheres e negras. Essas são, muitas vezes, privadas em seus ambientes de trabalho de condições básicas de alimentação, bem-estar, e até mesmo das ferramentas que precisam para realizarem seu trabalho, como produtos de limpeza, por exemplo. Busco abordar como a intimidade e a afetividade, muitas vezes inevitáveis no cotidiano laboral dessas domésticas, podem vir entremeadas de abusos. Finalmente, relaciono a condição vivenciada por essas mulheres ao retardo da garantia dos plenos direitos trabalhistas para a categoria. Isso porque a origem escravista e servil da profissão tende a se perpetuar, distanciando-as do *status* de trabalhadoras e mantendo as relações desiguais que marcaram esse campo, conveniente para aqueles que querem manter seu poder sobre essa classe.

Assim, procuro, neste livro, apresentar um pouco das vivências de contrastes entre desiguais, patrões e empregadas, por meio dos relatos daquelas que estão na base da pirâmide social. Busco, então, tornar evidente que as problemáticas e tensões referentes a essa relação de trabalho estão para além de classe e gênero, mas também – e de forma ostensiva – de raça.

Esta pesquisa, portanto, constitui-se em mais uma das muitas tentativas de trazer ao plano acadêmico o que as mulheres negras estão vivendo dentro de lares que não são seus, a partir de concepções racistas, classistas e machistas que dominam a consciência coletiva e que incidem diretamente sobre suas vidas.

CAPÍTULO 1

MARCOS TEÓRICOS: O GÊNERO, A RAÇA E A CLASSE EM CONTEXTO DE TRABALHO DOMÉSTICO REMUNERADO

1.1. TRABALHO DOMÉSTICO REMUNERADO E DESIGUALDADES: AUTORAS BRASILEIRAS CONTEMPORÂNEAS E A POUCA CENTRALIDADE DA TEMÁTICA RACIAL

Quando há a escolha de se debruçar sobre um objeto de pesquisa, a partir de um olhar que busque focalizar as relações sociais de diferença e desigualdade, o (a) pesquisador (a) procura estabelecer quais marcadores são mais apropriados para a sua análise, aqueles que melhor consigam auxiliar na interpretação da realidade, sejam eles, classe, raça, gênero, religião, deficiência física, nacionalidade etc. (CRENSHAW, 2002). Sendo assim, esta pesquisa se dispõe a analisar o trabalho doméstico remunerado com alicerce nos marcadores sociais de diferença e desigualdade de gênero, raça e classe, assim como outras pesquisas produzidas nas últimas décadas sobre o assunto. É proposto aqui, porém, a inclusão da raça como um marcador que possui o mesmo peso analítico que os marcadores de gênero e de classe, privilegiados por meio de análises mais aprofundadas na bibliografia recente sobre o tema.

Antes de nos aprofundarmos em uma explanação teórica, creio ser necessário me expor enquanto pesquisadora, tratar de quem sou e do meu "lugar de fala" (RIBEIRO, 2017). Quando me refiro a este termo o utilizo com o objetivo de elucidar de qual posição social eu falo e a partir de qual posição estou localizada na estrutura social de poder vigente. Dizer, pois, que enquanto mulher, negra e da classe trabalhadora me encontro localizada de maneira dissidente daqueles que formam a hegemonia no meio acadêmico; e isso me trouxe vivências sociais que estarão intrínsecas a esta pesquisa. Um (a) pesquisador (a) não pode se descolar da sua posição e vivências sociais; independentemente de sua raça, gênero ou classe, todos partem de um lugar social. E, com isso, não nego a metodologia científica, mas um pretenso discurso de neutralidade e voz hegemônica.

Sou filha de pai e mãe negros, neta de avós maternos negros e cearenses, e avós paternos negros e cariocas. A primeira da minha família materna a ser graduada em qualquer tipo de instituição, pública ou privada. A primeira da minha família paterna a ser graduada em uma universidade pública e a primeira a cursar um mestrado. O incentivo aos estudos sempre foi presente, porém, os recursos não acompanharam os incentivos. Cursei toda minha vida escolar em instituições públicas. Meu avô materno, Raimundo Porfírio Costa, é um lutador, alvo de perseguição militar em tempos de ditadura, que pelo fato de na época ser um marinheiro contrário ao golpe teve sua existência civil cassada pelos militares; foi dado como morto para que não morresse de verdade. Inspirado pelo seu herói, João Cândido, conhecido como o almirante negro, líder da Revolta da Chibata de 1910, meu avô passou a vida junto dos seus companheiros e ao lado de minha avó, Maria de Lourdes da Silva Costa, em busca da anistia política, e já na velhice, conseguiu. Além disso, despertou em mim o gosto pela política, o interesse pelas injustiças sociais e o meu reconhecimento enquanto negra. Tudo o que ele me inspirou me levou a permanecer no curso de Ciências Sociais e atuar por um curto, mas valioso período na militância estudantil e popular.

A partir do que sou e das oportunidades que tive o privilégio – o que deveria ser um direito – de desfrutar, como a graduação em Ciências Sociais e posteriormente um mestrado, também em Ciências Sociais, sendo os dois na Universidade Federal Rural do Rio de Janeiro (UFRRJ), posso dizer que diante do ingresso neste curso meu interesse sempre foi pela classe de onde vim. Ao cursar a disciplina de Sociologia do Trabalho, deparei-me com o interesse pelo trabalho doméstico remunerado; logo percebi que tudo o que me chamava atenção nessa ocupação não era uma questão apenas de classe. No decorrer da graduação, e mais profundamente no mestrado, a partir de outras disciplinas cursadas, como as que tratavam de raça e gênero, pude ver que a exploração, a subordinação e a dominação eram aspectos de uma profissão envolta em problemáticas históricas e sociais de raça e gênero, além da classe. Desde então, não tive mais como ignorar esse fato.

Minha monografia de graduação também tratou do trabalho doméstico remunerado a partir de uma concepção interseccional de classe, raça e gênero.[5] Porém, a partir do conteúdo bibliográfico ao qual entrei em contato e a minha condição intelectual de graduanda, busquei traçar um panorama geral do emprego doméstico no Brasil. A perspectiva interseccional se fez nítida. Porém, a partir da bibliografia sobre o emprego doméstico disponível no Brasil, não tive contato com nada que oferecesse caminhos interpretativos na direção do que desejava realizar: uma pesquisa sobre o trabalho doméstico remunerado no Brasil

---

[5] A monografia com o título *Trabalho de Preta*: uma análise interseccional do trabalho doméstico remunerado no Brasil foi defendida em dezembro de 2016 como requisito parcial para a obtenção do título de licenciatura em Ciências Sociais pela Universidade Federal Rural do Rio de Janeiro (UFRRJ) e também foi orientada pela professora Moema Guedes.

que tivesse, ao longo do seu desenvolvimento, os desdobramentos analíticos necessários sobre as relações sociais de raça, classe e gênero de forma coextensiva. Mesmo assim, fiz o que estava ao meu alcance para agregar as análises raciais às de gênero e classe (as duas últimas, geralmente articuladas). Diversas vezes tive que procurar uma bibliografia específica em autores(as) que falavam mais precisamente de raça, ou de forma vinculada, raça e gênero, ou até mesmo, raça, gênero e classe, mas nenhum (a) desses (as) tratavam das três relações sociais de maneira imbricada inseridas no contexto do trabalho doméstico remunerado, pelo menos não como tema principal de suas pesquisas.

As dificuldades da graduação permaneceram no período do mestrado. A atual pesquisa passou por um processo de afunilamento desde que me propus a analisar o emprego doméstico na minha monografia de conclusão de curso de graduação, de um panorama geral do emprego doméstico, para agora, uma dissertação de mestrado publicada em livro, tratar das relações de diferença e desigualdade entre patrões e empregadas domésticas que envolvam dimensões de raça, gênero e classe. Nesse momento, concentro-me, especificamente, nas relações sociais de diferença e desigualdade que envolvem essa ocupação profissional em seu meio de trabalho, com aqueles para os quais as empregadas domésticas têm a incumbência de servir.

Como principais autoras que trataram especificamente do emprego doméstico remunerado em suas mais relevantes pesquisas, e que muito influenciaram minha forma de interpretação sobre o tema, estão Suely Kofes, Jurema Brites e Maria Betânia Ávila. Todas elas são referências importantes e analisam o trabalho doméstico remunerado no Brasil de forma a ressaltar as desigualdades, tensões e conflitos presentes no cotidiano de trabalho das domésticas e seus relacionamentos com os patrões. Porém, essas autoras utilizam de uma abordagem que prioriza os aspectos de classe e de gênero nessas relações; logo, suas teorias de certa forma invisibilizam a raça como um eixo de desigualdade tão importante e fundador do emprego doméstico quanto os outros dois.

Suely Kofes, com seu livro *Mulher, mulheres – identidade diferença e desigualdade na relação entre patroas e empregadas domésticas* (2001), é, sem dúvida, uma grande referência no tocante às diferenças intragênero entre patroas e empregadas domésticas. A autora, a partir de uma pesquisa etnográfica e de uma perspectiva antropológica, visa analisar as desigualdades presentes nos relacionamentos entre patroa e empregada, sendo as duas mulheres, ou seja, compartilhando do mesmo gênero. Segundo Kofes (2001), essa relação seria desigual a tal nível que faria da empregada apenas uma trabalhadora, enquanto sua patroa, mulher (2001, p. 272). Tal apagamento se faria necessário para que o papel social de feminilidade da patroa seja sempre o dominante em seu lar, o que por si só, seria definido como feminino e definidor de feminilidade. Tal afirmação demonstra que diante de outras formas de diferença, como as de classe, as desigualdades entre mulheres se aprofundam e a identificação e empatia feminina podem ser contestadas.

Quando se trata de aspectos afetivos que geram desigualdades entre patroas e empregadas, Jurema Brites, em sua tese *Afeto, desigualdade e rebeldia – bastidores do serviço doméstico* (2000), nos mostra como as relações entre empregadoras e empregadas domésticas podem estar envoltas em ambiguidades afetivas[6] cercadas por hierarquias geradas por desigualdades de classe e de gênero. Com isso, é possível observar que discursos de amizade e familiaridade que são proferidos de patroa para empregada, e muitas vezes internalizados por essas, são, na verdade, acionados como instrumentos favoráveis às patroas, na medida em que se beneficiam de tal afetividade quando precisam de cooperação, favores, e serviços que inicialmente não seriam de incumbência da doméstica.

No entanto, tal relação se torna complexa quando observamos que os discursos e atitudes – como os presentes e doações feitos de patroa para empregada – que engendram tal afetividade nas relações não se tratam de puras mentiras racionais manipuladoras; as relações afetivas, de fato, acontecem, dada às condições de trabalho que patroas e trabalhadoras domésticas estão envolvidas. O trabalho que se dá no lar; a interferência e o conhecimento da vida privada dos patrões; a proximidade com os donos da casa; o contato e, muitas vezes, a relação maternal com as crianças, e, em muitos casos, o conhecimento do que há de mais íntimo nas vidas dos patrões se tornam aspectos diferenciais e extremamente afetivos do trabalho de uma empregada doméstica. Esse aspecto da tese de Brites demonstra que a afetividade se torna um fator fundamental que constitui as relações entre patrões e empregadas, sem excluir as hierarquias e desigualdades. Além disso, a abordagem e a perspectiva da autora nos permitem enxergar para além das unilateralidades e maniqueísmos, complexifica as relações sociais e suas dimensões contraditórias, sem banalizar toda subordinação que as trabalhadoras domésticas vivenciam.

---

6 Jurema Brites se utiliza do conceito de Donna Goldstein (2000).

A pesquisa de Brites também nos mostra, por meio de uma abordagem que prioriza a concepção e a voz do sujeito social pesquisado e suas estratégias de subversão cotidianas e muitas vezes individuais, a "infrapolítica".[7] As trabalhadoras domésticas estão longe de assumirem uma postura passiva e resignada diante de sua realidade, mas possuem, sim, algum poder de agência para atuarem diante de toda exploração e dominação. Utilizam-se de estratégias que muitas vezes não vão de encontro direto com as autoridades (patrões), mas contornam a dominação destes com atitudes de rebeldia que trazem benefícios próprios e alívio para o cotidiano de humilhação, como pequenos roubos – "carregamento de formiguinha" (p.118), segundo os termos da autora –, falsa deferência e pequenas jogadas, manuseando, assim, as vantagens do conhecimento da intimidade dos patrões e seus eventuais desvios.

No que se refere ao cotidiano do trabalho doméstico, a tese *O tempo do trabalho das empregadas domésticas e as tensões entre dominação/exploração e resistência* (2009) e alguns outros artigos de Maria Betânia Ávila se referem ao cotidiano de trabalho servil e exploratório das trabalhadoras domésticas, principalmente no tocante à exploração do seu tempo. Sua pesquisa está inserida no campo da Sociologia do Trabalho, buscando, assim, aspectos de desigualdade entre patrões e empregadas no cotidiano laboral. Para isso, recorre as teóricas feministas materialistas como Danièle Kergoat, Helena Hirata e Cristina Bruschini que ressaltam, entre outros elementos, as diferenças de classe entre mulheres e a delegação do trabalho reprodutivo baseado também nessas diferenças. A procura por uma posição de escuta do objeto de pesquisa, as empregadas domésticas, de modo a ressaltar seus atos de resistência cotidianas[8] é um aspecto de sua tese que também chama muita atenção.

A visão da autora sobre o trabalho doméstico como fruto de uma divisão sexual do trabalho posiciona seus estudos em uma perspectiva que coloca o trabalho reprodutivo como um espelho das desigualdades de gênero e classe, e o trabalho reprodutivo remunerado como um demonstrador da pobreza das mulheres no Brasil, enquanto um trabalho desqualificado, mal remunerado e subalternizado que abriga uma grande parcela da mão de obra feminina economicamente ativa.

---

7 A autora aciona o conceito de "relações locais de poder" de James Scott (1985).

8 Assim como Brites (2000), Ávila também se baseia em Scott (1985), entre outros autores, no que se refere a essas ações de resistência cotidianas que não pretendem derrubar as estruturas e nem um embate com as autoridades (patrões), mas que visam pequenos benefícios e imposições de limites à dominação patronal.

No que se refere às dificuldades, aparece como lacuna uma interpretação do trabalho doméstico remunerado que tivesse as análises de raça, gênero e classe como relações sociais de diferença e desigualdade de forma coextensiva. Ainda é preciso buscar outras fontes bibliográficas que possibilitem dar consequência analítica à questão da raça; para tanto a teoria feminista negra, que já era uma aliada em épocas de monografia, agora ganha um maior espaço, entendimento e instrumentalização, tanto para a compreensão do porquê da carência de análises sobre o emprego doméstico na perspectiva racial, quanto do próprio emprego doméstico como um *lócus* de análise sobre a subalternidade, dominação e exploração da mulher negra, além da estigmatização da profissão como um "trabalho de preta".

De acordo com teóricas feministas negras, a invisibilização da raça em diversas pesquisas de diferentes temas não se trata de apenas uma opção, ou uma escolha metodológica, mas sim a consequência de um projeto social e histórico de poder racista que tem ampla influência acadêmica. As mulheres brancas e sua produção intelectual feminista estão em uma relação de poder em relação às mulheres negras, e não apenas em relação à produção intelectual das mulheres negras, mas também aos seus objetos de pesquisa. Essa dimensão é mais evidenciada quando pensamos segmentos do mercado de trabalho majoritariamente conformados por trabalhadoras negras, como no caso do emprego doméstico. Dessa forma, a tradição intelectual hegemônica oriunda do pensamento branco, eurocêntrico e neo colonialista, conduz até mesmo o pensamento feminista que se dispõe a romper com as desigualdades e opressões sociais causados por tais tradições (GONZALEZ, 2011; HOOKS, 2014 [1981]; AKOTIRENE, 2018; CARNEIRO, 2011, entre outras autoras).

Nas palavras de Sueli Carneiro, "o trabalho doméstico ainda é, desde a escravidão negra no Brasil, o lugar que a sociedade racista destinou como ocupação prioritária das mulheres negras" (2011, p. 128), sendo o emprego doméstico no Brasil inegavelmente oriundo da escravidão negra, levando sobre si todo estigma do trabalho manual originalmente praticado por negros e "amaldiçoado" por isso, de acordo com o imaginário social. Um trabalho que garantiu estereótipos às mulheres negras, como o de mucama e mãe preta (HOOKS, 1995; GONZALEZ, 1984).

Como um tipo de trabalho assim pode ter a raça invisibilizada quando analisado? A raça foi o principal marcador que determinou quem realizaria o serviço doméstico em épocas de Brasil colonial e que até os dias de hoje faz com que a mulher negra seja tachada de empregada, servil e subalterna. A dificuldade de encontrar nos estudos sobre o trabalho doméstico remunerado no Brasil uma perspectiva feminista que se proponha a uma discussão mais aprofundada sobre a raça se baseia no tipo de pensamento denominado como feminismo branco, que, no caso da temática do emprego doméstico, prioriza os marcadores de gênero e classe.

> A força que permite às autoras brancas não fazerem referência a identidade racial em seus livros sobre "mulheres", e que são em realidade livros sobre mulheres brancas é a mesma que obriga a qualquer autora que escreva exclusivamente sobre mulheres negras a fazer explicita sua identidade racial. Essa força é o racismo. É a raça dominante que pode fazer parecer sua experiência como a representativa (HOOKS, 2014[1981], p. 138 – tradução livre).

Lembrando que, assim como Avta Brah (2006) ressalta, tanto negros (as), quanto brancos (as) experimentam a classe e o gênero através da raça; e a racialização da subjetividade branca não é muitas vezes ressaltada porque ser branco (a) é fazer parte da raça dominante, portanto, padrão. Porém, no caso do emprego doméstico, não são sobre mulheres brancas que as principais autoras contemporâneas que tratam do tema estão falando, mas sim de mulheres negras – a sua grande maioria, pelo menos. Todas essas autoras estão cientes disso e nem pretendem fazer da história do emprego doméstico, uma história de mulheres brancas. É um consenso acadêmico de que, pelo menos no Brasil, estamos falando de uma profissão de teor e origem escravocrata negra. É estatisticamente evidente que a maioria das trabalhadoras domésticas são negras. Jurema Brites, Suely Kofes e Maria Betânia Ávila, todas elas consideram tal fato e dedicam partes de suas pesquisas para tratarem da raça enquanto um fator de importância para o emprego doméstico no Brasil, fazem isso em menor ou maior grau e amplitude, mas nenhuma dá desdobramento analítico para esse fato; não fazem da raça tão relevante quanto o gênero e a classe, eixos de desigualdade a que estão baseadas suas pesquisas sobre o emprego doméstico.

Em seu livro, Suely Kofes (2001) concentra-se prioritariamente nas desigualdades intragênero geradas pelas diferenças de classe entre patroa e empregada, deixando de lado as desigualdades geradas por conta das diferenças raciais. Kofes reconhece a lacuna no prefácio de seu livro: "(...) refiro-me à relação entre domesticidade e escravidão, entre trabalho doméstico e trabalho escravo, entre empregada doméstica e negra. (...) Enfim, faltou à minha análise aquilo que muitas perspectivas de gênero enfatizam, a transversalidade" (KOFES, 2001, p. 21).

Azerêdo (2002) comenta sobre a questão da transversalidade na pesquisa de Kofes, principalmente no que se refere à ausência da questão racial em sua análise:

> Como explicar esta ausência na tese de Kofes, que tem demonstrado interesse continuado na questão racial no Brasil, desde pelo menos sua dissertação, tendo editado o número especial dos *Cadernos Pagu* sobre raça e gênero, contendo os trabalhos apresentados no GT sobre Raça e Gênero, da ABA, e o debate com os editores da Revista *Raça Brasil*, realizado na UNICAMP? Parte da resposta a essa questão pode estar neste número do *Pagu*, onde Kofes comenta como as relações raciais no Brasil têm sido "um assunto ainda pleno de ambiguidades", para o qual se usa geralmente um tom de sussurro. É muito possível que essas ambiguidades e essas ausências estejam relacionadas com "a incapacidade generalizada dos brasileiros de identificarem padrões de violência e discriminação específicos da questão racial", o que se associa à "contínua despolitização das relações raciais brasileiras pelas elites brancas", como escreve Michael Hanchard. É difícil para nós lidarmos com a diferença em termos de relações raciais (AZERÊDO, 2002, p. 328-329).

Apesar de Kofes ter tratado de temáticas raciais em sua dissertação de mestrado[9] e de manter um interesse por essa questão, ainda assim sua tese apresenta brechas nesse quesito. Ainda que o tema do emprego doméstico e suas ambiguidades, contradições e diferenças em relação aos patrões seja de extrema importância analítica, deve-se atribuir tais características também a fatores raciais como um dos seus principais produtores, se levarmos em consideração o contexto histórico e social brasileiro. O que parece é que a autora se deixou engolir por aquilo que ela mesma cita como um problema em relação aos brasileiros: o fato de não serem inclinados a lidar com as questões raciais.

Sobre esta ausência Azerêdo diz: "porém, acredito que no livro de Kofes a transversalidade esteja presente, ainda que de modo sussurrante." (2002, p.329). Os sussurros, porém, não são audíveis a todos; são apenas para aqueles que querem se aproximar para escutar. E esse é o problema. Não pode haver mais tempo para tratar a raça, principalmente quando esta envolve a subalternidade, a servidão e a exploração como algo que vem nas entrelinhas. É preciso tornar evidente. É preciso que tenha o mesmo peso analítico que as demais categorias que engendram a diferença e a desigualdade.

---

[9] Dissertação de mestrado em Antropologia Social intitulada por *Entre nós, os pobres, eles, os negros*.

A autora dedica a primeira parte do seu quarto capítulo intitulada "O doméstico, em outros tempos, no Brasil" a traçar, mesmo que brevemente, pois não se propõe a um aprofundamento, as conexões entre o trabalho doméstico e a escravidão negra no Brasil; discorre sobre temas muito relevantes, como a origem da desvalorização do trabalho manual, tornando-se aviltante e execrado por ter sido realizado, por séculos, pelos escravos (as) negros (as). Fala também sobre como a natureza do trabalho doméstico delegado a mulheres negras e/ou pobres no Brasil passa a ser constituído a partir da escravidão, sendo este trabalho estigmatizado, assim como quem originalmente o exercia – os negros, ou melhor, as negras. Além disso, trata do aspecto cultural instituído no Brasil que estabelece o servilismo e a submissão de pessoas negras e/ou pobres como naturais, e, também, os complicadores que a vinda dos imigrantes europeus trouxeram à alocação dos negros no mercado de trabalho, concentrando-se em como isso se refletiu na contratação de empregadas negras, que eram preteridas às brancas. Isso ainda acontece nos dias de hoje, segundo constatou em suas pesquisas, graças aos estigmas e estereótipos que as empregadas negras carregam.

Porém, apesar dos seus esforços, não se observa, ao longo de sua obra, as conexões da aqui referida parte do livro com o restante dele, apesar de haver momentos em que uma análise do tema sob a perspectiva racial pareça gritar.[10] A falta de uma abordagem mais profunda parece se justificar pela menção expressa no seu quarto capítulo sobre a relação da escravidão com o emprego doméstico. É notório, contudo, que em alguns momentos do livro a descrição do racismo voltado contra as trabalhadoras domésticas negras não se encontra acompanhada de uma investigação que explore as possíveis formas por meio das quais as empregadas domésticas ainda vivenciam os reflexos da escravidão negra no Brasil.

Kofes, em pouquíssimos momentos, acrescenta à sua pesquisa os reflexos das relações construídas a partir da escravidão no modo como se constitui o trato entre patroas e empregadas. Desse modo, deixa de fazer uma análise mais profunda, excluindo raça enquanto um aspecto

---

[10] Um desses momentos aparece quando a autora faz uma análise sobre as agências de empregos domésticos e as exigências feitas pelas patroas a estas agências sobre as empregadas. Estas exigem domésticas de "boa aparência" e outras exigências abertamente racistas, havendo, inclusive, nos pedidos a informação, anotada pela própria agência, se a patroa tem ou não preconceito racial (2001, p. 238).

diferenciador e produtor da desigualdade entre patroas e empregadas, central na compreensão das assimétricas relações em jogo e na própria dinâmica da vida social. "*O doméstico, em outros tempos, no Brasil*" torna-se, assim, uma parte isolada em seu livro, como uma constatação que não produz consequências analíticas.

Apesar de todas as contribuições referentes às desigualdades no trabalho doméstico no Brasil, a análise de Jurema Brites (2000) não fornece pistas sobre aspectos raciais presentes nesse tipo de relação de trabalho. Em sua tese é de se observar que não se fala, ao menos, sobre a raça das empregadas domésticas. Não sabemos a cor das entrevistadas, ausência, que, aliás, é observada nas três pesquisas aqui citadas.[11] Por acaso não seria importante sabermos de qual posição racial estas mulheres estão falando? Brites não se mostra disposta a analisar o eixo racial do tema. Sua pesquisa pede por tal análise, em muitos momentos chega a esbarrar nela, mas a autora sempre parece desviar da questão que, em sua pesquisa, não possui nenhuma centralidade se compararmos com os aspectos de classe e de gênero.

A única referência que temos sobre a cor/raça dessas domésticas é quando Brites descreve o cotidiano da Praia Vermelha, bairro de Vitória (ES), no qual se localizam as casas das patroas onde a pesquisadora realizou observação participante: "Quando se sai à rua bem cedo da manhã nos bairros de classe média de Vitória, vê-se um grande número de mulheres caminhando a passos curtos. Em geral, são mulheres de pele escura, sendo, muitas delas, negras" (BRITES, 2000, p. 77).

Não é preciso uma descrição de Brites para que imaginemos qual a cor dessas empregadas. Sabemos por diversos meios, tanto teóricos quanto estatísticos, que a grande maioria das trabalhadoras domésticas no Brasil são negras, e é por isso mesmo que se torna um fator de estranhamento que em uma pesquisa dessa magnitude e diante de uma das principais dimensões que se propõe a tratar – a desigualdade – não se tenha quase nada sobre a raça como um dos principais eixos constituintes das desiguais relações de trabalho dessa categoria.

Até no que se refere à constatação de que o trabalho doméstico teve suas origens no período de escravidão negra no Brasil, o assunto recebe pouca atenção na tese de Brites. A autora analisa o processo his-

---

11 Apesar de na pesquisa de Kofes, principalmente, haver fotos que mostram a cor dessas mulheres trabalhadoras. Porém, imagens não falam por si; é preciso interpretação e desdobramento analítico.

tórico e os primórdios do serviço doméstico focando principalmente em suas origens na Europa enquanto sistema de educação; na influência das teorias higienistas e os modos como estas são difundidas no Brasil em tempos de colônia, e como tais concepções colocaram os serviçais domésticos negros escravos ou libertos, e brancos pobres, em uma posição de agentes de poluição nos lares das famílias brancas abastadas. Além disso, trata também das mudanças nos padrões educacionais que desempenhavam o serviço doméstico na Europa, reinventado na América Latina colonial para se tornar um sistema de sustentação do serviço doméstico nas casas dos que tinham condições de terem serviçais.

Quando entramos em contato com a tese de doutorado de Maria Betânia Ávila, mais uma vez observamos uma autora que trabalha com a temática do emprego doméstico no Brasil mantendo como prioridade os eixos de desigualdade de gênero/sexo e classe. Ávila diz que as relações sociais de raça são coextensivas às de sexo e classe (ÁVILA, 2009, p. 111), porém, se apropria pouco dessa coextensividade no decorrer da sua pesquisa, optando por priorizar aspectos de sexo e classe no que diz respeito ao emprego doméstico.

A autora ressalta as origens do emprego doméstico na escravidão negra; reconhece o ônus social e histórico gerado por tal período às mulheres negras, principalmente às criadas escravas e às empregadas domésticas negras. Isso se refletiria especialmente na negação historicamente longa de seus plenos direitos trabalhistas e o não cumprimento destes quando conquistados pela categoria. Ávila destaca também o fato de a sobrerrepresentação negra no emprego doméstico não ser a única problemática racial, incluindo o estigma de servidão que ainda paira sobre a categoria devido a quem, no início, praticava esse trabalho: mulheres negras escravas. Porém, todo esse conteúdo encontra-se reduzido em sua tese; não observamos uma reflexão teórica expressiva sobre a questão da raça em seu capítulo empírico, por exemplo, sequer sabemos a cor/raça das domésticas a quem entrevistou. No entanto, se traçarmos comparações com as outras autoras que se propõem a falar do emprego doméstico no Brasil, Ávila ainda se sobressai em sua preocupação em não deixar esquecida a condição das mulheres negras nesse tipo de emprego.

A partir do que foi dito sobre as autoras e suas relações com a temática racial no trabalho doméstico remunerado no Brasil, Maria Aparecida Silva Bento (1995) nos diz palavras muito significativas sobre como o assunto é tratado, principalmente no tocante às temáticas referentes a gênero e mercado de trabalho.

> Há décadas a mulher negra vem sendo apontada como aquela que experimenta a maior precariedade no mercado de trabalho brasileiro. Entretanto, os estudos que aprofundaram a perspectiva de gênero raramente levam em consideração a variável cor. Frequentemente tais estudos homogeneízam a força de trabalho tratando-a como se o fator racial inexistisse enquanto diferencial de direitos ou como se as especificidades que afetam a mulher negra pudessem ser esgotadas no quadro dos problemas gerais concernentes as mulheres. Não raro, os estudos tangenciam a temática da mulher negra com breves enunciados formais ou referências históricas que apenas confirmam a desimportância dada ao tema, aqui e acolá encontramos um ou outro parágrafo sobre o período do escravismo, ou quando mais generosos, ao finalizarem as descrições sobre determinados problemas registram a velha máxima: "e no caso das mulheres negras essa situação é mais dramática" (BENTO, 1995, p. 479).

Portanto, a dificuldade teórica em relação à raça associada ao emprego doméstico se dá não pela ausência, ou pela negação, mas sim pela menor centralidade que lhe é conferida. Não há como falar do emprego doméstico no Brasil sem falar de escravidão e não há como falar de escravidão sem falar de raça. Discutir o emprego doméstico é falar sobre mulheres negras e o enorme espaço que esse trabalho ocupou e ocupa (pelo menos em uma parcela considerável delas) em suas vidas, obscurecendo todos os outros aspectos de suas existências (DAVIS, 2016 [1981]). Pesquisar o trabalho doméstico remunerado a partir de uma análise racial contundente e extensa significa dizer que a grande parcela de mulheres negras que ocupam essa profissão não serão, mais uma vez, invisibilizadas pela sua cor.

Algumas abordagens sobre o trabalho doméstico não podem mais ser aceitas de forma acrítica, como é o caso de Graham (1992), uma referência quando se trata de abordagens históricas sobre o cotidiano da criadagem e dos patrões no Rio de Janeiro entre 1860 e 1910, período de transição entre um sistema escravocrata e uma sociedade de cidadãos livres. Graham constrói um primoroso trabalho ao delinear como se dava a relação das domésticas e patrões com a casa e a rua – conceitos devidamente apropriados de Roberto DaMatta – e com a proteção conferida às empregadas livres ou escravas pelos patrões e a obediência que estas deviam a eles. No entanto, a autora não possui uma perspectiva racial em sua obra, inclusive assumindo uma postura de negação dessa temática. Graham faz questão de enfatizar que tanto negras quanto brancas desempenhavam a ocupação, não havendo diferenças significativas entre elas. Segundo a autora, ser negra e escrava não era, assim, tão relevante quando se tratava do emprego doméstico.[12]

> Escolher as criadas como grupo ocupacional afasta o estereótipo de que somente as escravas eram criadas ou de que o trabalho doméstico fosse exclusividade das escravas. Em vez de uma hierarquia de tipos de trabalho que separariam as mulheres livres das escravas, ou as mulheres negras das mais claras, o serviço doméstico atravessava essas diferenças. Mulheres das duas "condições" podiam trabalhar uma ao lado da outra, e ambas em tarefas similares. **O fato de ser escrava – ter o status legal de escrava – não determinava sequer mais que o esboço de uma vida, raramente o detalhe ou a nuance** (GRAHAM, 1992, p. 18/19 – grifos nossos.).

É um fato que tanto mulheres escravas quanto mulheres livres eram serviçais domésticas, mas é sabido também que a maioria da criadagem no Brasil sempre foi negra.[13] E não se trata apenas de termos quantitativos e censitários, mas no que se refere ao *status* da mulher escrava na sociedade do Rio antigo; é incontestável que a negação da sua liberdade e a animalização do seu ser são aspectos que as diferenciam das mulheres brancas e livres, na medida em que às negras era negado sua individualidade, sua condição de pessoa.

Graham parece não levar em consideração o racismo presente na sociedade brasileira e o seu poder de moldar relações sociais em todos os âmbitos, inclusive no emprego doméstico. Segundo Maria Helena Machado (2012) e Lorena Telles (2018), ao tratarem mais especificamente das amas de leite na segunda metade do século XIX, a tônica era de uma brutal relação de escravidão com seus senhores, o que nos remete também à figura da criada/mucama, já que muitas vezes a mucama era também a ama de leite e quando não, passava a ser também uma escrava doméstica, pois dela eram exigidas outras tarefas reprodutivas, além de cuidar e alimentar o bebê (TELLES, 2018). O que se

---

12 "No meio em que as criadas trabalhavam e viviam sob condições similares, havia pouco com que distinguir as mulheres livres das escravas: qualquer criada poderá ser submetida por longo período a trabalho exaustivo, alojamentos úmidos, dieta inadequada ou doenças que caracterizavam comumente a vida do trabalhador pobre. O estudo das criadas brasileiras demonstra que a situação de mulheres específicas confunde as categorias simplistas de escrava ou livre" (GRAHAM, 1992, p. 19).

13 "Durante a década de 1870, estima-se que entre 61% e 65% das mulheres trabalhadoras livres eram servidoras domésticas, e, junto com cerca de 87% a 90% das escravas, as criadas compreendiam 71% de todas as mulheres trabalhadoras" (GRAHAM, 1992, p. 18).

vê é a completa relação de exploração dessas mulheres negras, posses de um senhor que as tornava fonte de subsistência, uma vez que, além de realizarem todo o trabalho reprodutivo, muitas vezes ainda alimentavam os filhos dos senhores à custa da desnutrição e descuidado dos seus próprios, e ainda tinham seus serviços alugados para outras pessoas e/ou famílias, gerando lucro para seus donos.

Tal grau de exploração não era vivenciado pelas criadas brancas. Por mais que fossem mulheres pobres e pagassem o preço por isso, o peso de ser negra e animalizada não estava sobre elas. Segundo Flávia de Souza (2012) a locação de escravas domésticas fez parte do desenvolvimento do que viria a se tornar o trabalho doméstico remunerado no Brasil, principalmente no Rio de Janeiro. A extrema exploração senhorial em alugar suas escravas para outrem tinha a finalidade de obter lucros num momento em que comprar escravos não era mais economicamente viável por conta da proibição do tráfico negreiro em 1850. Quando livres, principalmente com o declínio da escravidão, as agências de locação de criadas permaneceram em vigor com o aluguel de criadas brancas e negras para o serviço. Vemos, com isso, que em muitos sentidos o emprego doméstico tem suas origens e relações de trabalho moldadas pela escravidão negra e suas relações de servidão, coisificação e posse.

Além dos castigos físicos enfrentados pelas escravas negras – violência à qual as criadas brancas nunca estiveram submetidas –, toda a exploração da sua força de trabalho era vivenciada de formas distintas, pois quando se tornaram livres, as mulheres negras ainda assim estavam marcadas pelos estigmas e estereótipos construídos a partir da escravidão. Esse quadro retrata o poder do racismo de transformar seres humanos em coisas, despersonalizá-los e jogar sobre eles imagens e essencialismos preconcebidos e baseados justamente na cor.

Por último, mas não menos importante, consideramos de extrema relevância ressaltar a tese de doutorado de Joaze Bernardino-Costa, *Sindicatos das trabalhadoras domésticas no Brasil: teorias da descolonização e saberes subalternos* (2007), trabalho que se concentra na história política e sindical das empregadas domésticas a partir de suas próprias narrativas, o que não é um ponto neste livro. A proposta aqui é justamente tratar de trabalhadoras domésticas comuns, sem vínculos com organizações e movimentos políticos.

De todo modo, Bernardino-Costa é um autor extremamente inspirador no que se refere à articulação das categorias de gênero, raça e classe ao longo de sua pesquisa, e como tais articulações podem fortalecer a luta das trabalhadoras domésticas. De acordo com Bernardino-Costa, não haveria como falar da sindicalização dessas trabalhadoras sem considerar a imensa importância dos movimentos negros, feministas e de outros sindicatos que foram e são aliados em suas jornadas de lutas pelos seus direitos trabalhistas, principalmente. Segundo a sua perspectiva, a sindicalização promove o rompimento do discurso hegemônico formador da nação brasileira de complementaridade e harmonia entre aqueles que estão diferentemente posicionados na estrutura de hierarquia de poder, passando, assim, a ser construída uma perspectiva de antagonismo e conflito entre os pares a fim de uma delas quebrar com a subalternidade e a passividade.

> (...) há uma interpretação hegemônica das relações sociais brasileiras que insiste na complementaridade e harmonia entre pobres e ricos, negros e brancos. Nesta argumentação, o trabalho doméstico – seja na sua vertente escravocrata ou livre – tem sido utilizado frequentemente como exemplo deste caráter singular das relações sociais brasileiras. É esta interpretação que questionamos nesta pesquisa (BERNARDINO-COSTA, 2007, p.8).

A perspectiva de Bernardino-Costa (2007) sobre as hierarquias existentes na modernidade, sobretudo no que tange à produção de conhecimento válido, constrói-se a partir do conceito de colonialidade do poder (QUIJANO, 2005), o que é muito significativo para a presente pesquisa. A partir dessa perspectiva é possível desconstruir discursos hegemônicos baseados em padrões europeus e mostrar que as narrativas produzidas pelas próprias trabalhadoras domésticas importam. É reafirmá-las enquanto indivíduos dotados de voz, racionalidade e vivencias próprias baseadas em quem são enquanto trabalhadoras domésticas, mulheres, em sua maioria negras e, em sua totalidade, pobres. Considerando, é claro, que a partir dessas identidades, cada doméstica vivencia seu cotidiano de trabalho de uma forma única, mas que, mesmo assim, não deixa de se encaixar em uma história de subalternidade, dominação e exploração que é comum à categoria, em uma divisão racial do trabalho produzida justamente por um sistema de continuidade moderna da colonização de países terceiro-mundistas que permanecem envoltos em hierarquias raciais que instituem quem, tanto em âmbito interestatal quanto em âmbito nacional, são os indivíduos/povos superiores, modernos e racionais e quem não são.

Ao colocar as trabalhadoras domésticas em primeiro plano e, mais do que isso, ao desconstruir discursos de poder dominantes sobre conhecimentos válidos e sobre vivências que importam, Bernardino-Costa nos mostra a importância do protagonismo dessas mulheres em suas próprias vidas e lutas. Extrai dos seus próprios discursos visões de mundo que muitas vezes contrariam o senso comum popular e acadêmico. Ao fazer esse movimento, ressalta perspectivas de classe, raça e gênero muito significativas e que estão presentes entre as trabalhadoras sindicalizadas, mas que esta pesquisa mostra estarem entre algumas das não sindicalizadas também.

1.2. TEORIAS DE IMBRICAÇÃO DE CATEGORIAS DE DESIGUALDADE: INTERSECCIONALIDADE E CONSUBSTANCIALIDADE

Como já é sabido, pretende-se nesta pesquisa a utilização dos eixos de desigualdade de gênero, raça e classe de forma articulada para, assim, tentar captar, da melhor forma possível, a complexidade das experiências de desigualdade que empregadas domésticas vivenciam em relação às suas patroas. E como consequência, relações de trabalho muito baseadas em afetividades que se constituem de forma exploratória, dominadora e subalterna. É uma opção metodológica a instrumentalização a partir das teorias de imbricação de eixos de desigualdade, partindo da consciência de que não há, no emprego doméstico, como falar de apenas um desses eixos sem sequer esbarrar no outro, pois, na verdade, são inseparáveis.

A seguir, me proponho a primeiramente explanar sobre o que são tais teorias, suas origens, aproximações e divergências. Logo depois, pretendo elucidar como me instrumentalizarei delas para discutir o trabalho doméstico remunerado.

Interseccionalidade e Consubstancialidade: origens, aproximações e divergências

Os conceitos de interseccionalidade e consubstancialidade nasceram em diferentes contextos. De acordo com Helena Hirata (2014), a interseccionalidade originou-se no *Black Feminism* dos Estados Unidos e do Reino Unido no final dos anos 1970, motivado pelo descontentamento de tal grupo político com o chamado feminismo branco e sua tendência de generalização das experiências do "ser mulher", subsumindo tais experiências no sujeito padrão do feminismo branco: mulheres brancas de classe média e heterossexuais. Além de, segundo Carla Akotirene (2018), ter surgido em contrapartida ao movimento antirracista que tinha seu sujeito padrão no homem negro. Havendo, assim, o silenciamento, apagamento e marginalização do cotidiano de opressão e dominação de tantas mulheres.

No que se refere ao cruzamento das categorias de gênero, raça e classe, segundo Kergoat (2010), criadora do conceito de consubstancialidade, estas são feitas na França desde longa data, com autoras que produziam intelectualmente já no século XIX sobre sexo e classe, como Flora Tristan, até autoras mais contemporâneas, como Colette Guillaumin, que produziu principalmente no século XX, propondo-se a estudar os processos ideológicos de naturalização do sexo e da raça. A autora, inclusive, ressalta o colóquio internacional organizado em 1987 pelo *Atelier Production et Repreoduction* sobre as relações sociais de sexo onde foram feitas articulações tais como "a classe é dotada de gênero" e de que "o gênero é dotado de classe" (KERGOAT, 2010, p. 96), além de citar as produções sobre divisão sexual do trabalho que em vez da relação de raça utilizavam-se da relação Norte/Sul.

Enquanto o conceito de interseccionalidade elaborado por Kimberlé Crenshaw (1989) nasce das demandas do feminismo negro, a consubstancialidade está imersa no contexto do feminismo materialista e foi construído e institucionalizado por feministas brancas na França. A busca pela legitimidade dos conceitos é um ponto a ser destacado. Para Henning (2015) e Akotirene (2018), as feministas negras buscam legitimar o conceito de interseccionalidade a partir do argumento de que tal maneira de enxergar as relações sociais de diferenciação e hierarquização já estava presente nas correntes feministas dos movimentos abolicionistas de meados do século XIX. Esse fato pode ser observado a partir da fala de Sojourner Truth – mulher afro-americana, ex-escrava, abolicionista e ativista dos direitos das mulheres – na Convenção dos Direitos das Mulheres em Akron, Ohio, em 1851.

> Aquele homem lá diz que uma mulher precisa ser ajudada ao entrar em carruagens, e levantada sobre as valas, e ficar nos melhores lugares onde quer que vá. Ninguém me ajuda em lugar nenhum! E eu não sou uma mulher? Olhem para mim! Olhem para o meu braço. Eu arei, eu plantei e eu recolhi tudo para os celeiros. E nenhum homem pode me auxiliar. E eu não sou uma mulher? Eu poderia trabalhar tanto e comer tanto quanto qualquer homem (...) e suportar o chicote tão bem quanto! E eu não sou uma mulher? Eu dei à luz a crianças e vi a maior parte delas ser vendida como escravas. E quando eu chorei com o sofrimento de uma mãe, ninguém além de Jesus me ouviu. E eu não sou uma mulher? (TRUTH, 1851).[14]

---

14 Cf. TRUTH, Sojourner. E não sou uma mulher? – Sojourner Truth. Tradução de Osmundo Pinho, Geledés, 8 jan. 2014. Disponível em:<https://www.geledes.org.br/e-nao-sou-uma-mulher-sojourner-truth/.> Acesso em: 11 nov. 2018.

Sojourner Truth nos dá a dimensão do que é ser uma mulher negra. Aquela que além de ser desconsiderada enquanto ser humano é desconsiderada também enquanto mulher, não se encaixando em nenhum padrão de feminilidade definido socialmente como valoroso. Dessa forma, a raça antecede e define o gênero e os padrões a que este irá se conformar. Uma mulher negra não será definida nos mesmos padrões do que uma mulher branca. Assim como é "menos humana", é "menos mulher".

Kergoat, principal defensora do conceito de consubstancialidade, argumenta que o cruzamento das categorias de raça, gênero e classe foram feitos na França desde o século XIX, independentemente dos estudos pós-coloniais e do *Black Feminism,* mas admite que tais análises eram minoria e não tinham uma perspectiva aprofundada; em tais estudos, classe e raça eram associadas, mas sem *status* central na análise, apareciam, sobretudo, em forma de alusão (KERGOAT, 2010). Sobre isso, Helena Hirata se coloca enquanto estudiosa das teorias de articulação de categorias sociais:

> O desenvolvimento das pesquisas feministas na França, o contato com as ideias vindas do outro lado do Atlântico, as interpelações das feministas negras em países onde a opressão racial foi objeto de análise bem antes da França, como é o caso do Brasil, certamente contribuíram para uma sensibilização crescente quanto às relações de poder ligadas à dimensão racial e às práticas racistas. Embora pesquisadoras como Colette Guillaumin (1972, [1992]* 2007) tivessem, na França, conceitualizando o racismo (desde o início dos anos de 1970) e a "raça" (desde os primeiros momentos da existência da revista *Questions Féministes*, no fim dos anos de 1970), essa conceitualização não se fez em termos interseccionais ou de "coextensividade" da raça, do sexo e da classe social (HIRATA, 2014).

Apesar do grande alcance ter se dado nos anos 2000, o conceito de interseccionalidade foi criado em 1989 pela jurista e teórica feminista afro-americana Kimberlé Williams Crenshaw. Ainda que o termo tenha sido cunhado por essa autora, a partir do crescimento e do alcance desse conceito entre as acadêmicas e entre as militâncias negra e lésbica que se apropriaram muito devidamente do conceito, este adquiriu distintas definições e diferentes formas de olhar. Porém, Crenshaw o definiu da seguinte forma:

> A interseccionalidade é uma conceituação do problema que busca capturar as consequências estruturais e dinâmicas da interação entre dois ou mais eixos da subordinação. Ela trata especificamente da forma pela qual o racismo, o patriarcalismo, a opressão de classe e outros sistemas discrimi-

natórios criam desigualdades básicas que estruturam as posições relativas de mulheres, raças, etnias, classes e outras. Além disso, a interseccionalidade trata da forma como ações e políticas específicas geram opressões que fluem ao longo de tais eixos, constituindo aspectos dinâmicos ou ativos do desempoderamento (CRENSHAW, 2002, p. 177).

A partir do seu lugar de fala e de ação enquanto uma mulher negra, jurista e militante dos direitos humanos, Kimberlé Crenshaw possui um interesse jurídico maior no sentido de articular raça e gênero na busca por desmantelar os mecanismos de discriminação institucional e política contra as mulheres negras. A autora dá muitos exemplos em seus textos sobre tais discriminações: o tráfico de mulheres, em que ficam evidenciadas as relações com a situação de marginalidade social das afetadas por não serem aleatórios os "tipos" de mulheres traficadas – estas são mulheres racializadas; outro exemplo são os eventos de genocídio em Ruanda e na Bósnia desencadeados pelas mutilações e pelo estupro de mulheres por motivações étnicas. O objetivo é, portanto, iluminar uma gama de violações de direitos humanos que ficam obscurecidas quando não se consideram as vulnerabilidades interseccionais de mulheres marginalizadas (CRENSHAW, 2002).

O propósito desta explanação, porém, é tratar apenas dos conceitos de acordo com suas autoras, sem discutir as definições e instrumentalizações de outras mulheres intelectuais que se propuseram a teorizar sobre a articulação de categorias de desigualdade. Sendo assim, quando nos referimos à consubstancialidade, estamos falando de um termo que foi cunhado pela socióloga feminista materialista Danièle Kergoat, nos anos de 1970 e 1980, na França, com o objetivo de compreender de forma não mecânica as práticas sociais de homens e mulheres frente à divisão social do trabalho, a partir das dimensões de classe, de gênero e de origem (Norte/Sul). A autora compreende a sociedade em termos de relações sociais; sua maneira de apreender os fenômenos sociais é a partir de uma perspectiva materialista, histórica e dinâmica, sendo o gênero, a raça e a classe, relações sociais de produção (KERGOAT, 2010).

A partir dessa perspectiva que, como já foi mencionado, está centrada nos estudos do trabalho, Kergoat (2010) concebe as relações sociais sendo baseadas, principalmente, no antagonismo e na disputa material e ideológica entre dois grupos sociais. Para que seja configurada uma relação social é necessário que esta domine, oprima e explore. O objetivo é desnaturalizar radicalmente as construções que pretendem separar, diferenciar e desarticular as desigualdades, e estabelece que não é possível imputar apenas uma instância social para cada categoria, mas cada categoria se inscreve na outra de forma inseparável e relacional, ao mesmo tempo que age em diferentes instâncias sociais. Assim, por exemplo, o gênero é dotado de classe, como a classe de gênero que se inscreve de forma inseparável na instância econômica, assim como na instância ideológica e vice-versa, construindo-se simultaneamente. Nas palavras da autora:

> A minha tese, no entanto, é que as relações sociais são *consubstanciais*; elas formam um nó que não pode ser desatado no nível das práticas sociais, mas apenas na perspectiva da análise sociológica; e as relações sociais são *coextensivas*: ao se desenvolverem, as relações sociais de classe, gênero e "raça" se reproduzem e se coproduzem mutuamente (KERGOAT, 2010, p. 94).

Apesar de o cerne de sua teoria estar na articulação das categorias de gênero e classe, Kergoat admite três tipos de relações sociais – *gênero, raça e classe* – como essenciais à análise consubstancial por serem apenas estas que aparecem como relações de produção no que se refere à sociedade capitalista, pois, para a autora, é essencial analisar como se dá a apropriação do trabalho de um grupo sobre o outro, sendo, nesse caso, apenas os três tipos de relações sociais centralmente relevantes, embora admita que outras categorias como geração/idade possam ser válidas para a análise em outras sociedades.

É observado na teoria de Kergoat uma dedicação a diferenciar e divergir os conceitos de consubstancialidade e interseccionalidade, a fim de reivindicar a consubstancialidade como a melhor ferramenta para a análise da sociedade de classes moderna e capitalista. Segundo Helena Hirata (2014), as principais críticas de Danièle Kergoat ao conceito de interseccionalidade são: 1) tal perspectiva não parte da tríade de relações sociais fundamentais (gênero, raça e classe) em toda sua complexidade e dinâmica; e 2) a interseccionalidade parece sempre privilegiar a díade raça e gênero, deixando a classe social em um plano de análise apagado.

De fato, quando se trata de interseccionalidade, são admitidas inúmeras categorias que engendram a diferença, além das três mais frequentes: gênero, raça e classe. Também podem estar presentes sexualidade, geração, deficiência física, nacionalidade, origem etc. Tal característica tornou-se uma tendência na contemporaneidade ao marcar uma diferença com muitas autoras que tendiam a garantir mais relevância ao que Henning chama de "mantra dos três marcadores"

(2015, p.110). A primazia de um marcador sobre os demais também era bastante comum entre tais autoras, como por exemplo, a classe social em uma posição de primazia em relação à raça e ao gênero no caso de algumas correntes marxistas.

Em relação a isso, Kergoat considera que "a multiplicidade de categorias mascara as relações sociais" (2010, p. 99). Segundo a autora, teóricas como Crenshaw tendem a desassociar as categorias das relações sociais dentro das quais foram constituídas. Dessa forma, trabalhar com categorias e não com relações sociais, mesmo que essas categorias estejam interseccionadas, torna-se um risco: o apagamento de alguns aspectos que podem revelar-se como os mais fortes no que se refere à dominação e à resistência.

> Essa crítica é aprofundada na introdução do seu recente livro, *Se battre, dissent- elles* (2012), pelos seguintes pontos: 1) a multiplicidade de pontos de entrada (casta, religião, região, etnia, nação etc., e não apenas raça, gênero, classe) leva a um perigo de fragmentação das práticas sociais e à dissolução da violência das relações sociais, com o risco de contribuir à sua reprodução; 2) não é certo que todos esses pontos remetem a relações sociais e talvez não seja o caso de colocá-los todos num mesmo plano; 3) os teóricos da interseccionalidade continuam a raciocinar em termos de categorias, como por exemplo, a nação, a classe, a religião, o sexo, a casta e etc., sem historicizá-las e por vezes não levando em conta as dimensões materiais da dominação (HIRATA, 2014, p. 65).

Segundo Henning (2015) a tendência a qual teóricas mais contemporâneas se voltam, principalmente aquelas que se propõem a uma análise interseccional, é para um olhar mais contextualizado histórica e culturalmente, dando assim uma maior atenção às especificidades do objeto e a quais categorias se fazem marcadores de diferença e desigualdade, sem tentar um encaixe forçado nos marcadores preestabelecidos por uma espécie de "teoria interseccional estrutural" (2015, p.110) que se caracteriza por ser generalizante e transcultural. De acordo com o autor, não se trata de estabelecer uma infinidade de categorias, mas se atentar para o entrelaçamento daqueles que realmente se mostram relevantes no contexto estudado.

Em relação à segunda principal crítica, a interseccionalidade, Kergoat diz que "o cruzamento privilegiado se faz entre 'raça' e gênero, enquanto a referência à classe social não passa muitas vezes de uma citação obrigatória." (KERGOAT, 2010, p. 97). A autora se incomoda com a tendência da teoria feminista negra dos EUA de não garantir à classe social a importância analítica devida em um cruzamento com as duas demais categorias (raça e gênero) para uma análise que contextualize as mulheres negras em um âmbito material, enquanto maioria de mulheres pobres da classe trabalhadora, Além da importância do aspecto de classe como um poderoso diferenciador e gerador de desigualdades.

Tal tendência pode ser explicada segundo Fraser (2006), por estarmos em uma era pós-socialista em que este se encontra em crise, e, como consequência disso, está havendo uma passagem das ciências humanas do paradigma da redistribuição ao paradigma do reconhecimento, ou seja, nos processos de conquista de igualdade social, as questões de identidade ganham prioridade em relação às questões de justiça social. Para a autora, as demandas sobre questões de dominação cultural, desrespeito e ocultamento de sujeitos que compõem as minorias sociais estão se acentuando em relação às demandas de injustiça econômica, como a exploração do trabalho, a marginalização e a privação econômica. No entendimento de Fraser (2006), as políticas de redistribuição e suas reivindicações focadas no problema das classes sociais parecem, para os defensores das políticas do reconhecimento, dissipar os diferentes tipos de identidades presentes no meio social e suas reivindicações, como é o caso das problemáticas de raça, gênero, etnia, sexualidade etc. No entanto, a autora não defende que tais lutas sejam antagônicas – uma combinação entre ambas é possível e desejável. Para exemplificar essa conciliação cita a problemática social do gênero:

> O gênero, por exemplo, tem dimensões econômico-políticas porque é um princípio estruturante básico da economia política. Por um lado, o gênero estrutura a divisão fundamental entre trabalho "produtivo" remunerado e trabalho "reprodutivo" e doméstico não-remunerado, atribuindo às mulheres a responsabilidade primordial por este último. Por outro lado, o gênero também estrutura a divisão interna ao trabalho remunerado entre as ocupações profissionais e manufatureiras de remuneração mais alta, em que predominam os homens, e ocupações de "colarinho rosa" e de serviços domésticos, de baixa remuneração, em que predominam as mulheres. O resultado é uma estrutura econômico-política que engendra modos de exploração, marginalização e privação especificamente marcados pelo gênero. Esta estrutura constitui o gênero como uma diferenciação econômico-política dotada de certas características da classe. Sob esse aspecto, a injustiça de gênero aparece como uma espécie de injustiça distributiva que clama por compensações redistributivas (FRASE, 2006, p. 233-234).

Voltando aos pontos de distanciamento e aproximação entre as perspectivas de interseccionalidade e consubstancialidade. Segundo Hirata (2014), apesar das diferenças, há pontos de convergência entre elas.

O maior deles é a ideia de não hierarquização entre as categorias de diferenciação e formas de opressão. Em segundo (mas não como segundo lugar de importância), está a partilha do pressuposto central da epistemologia feminista que engendra que as definições sobre neutralidade, objetividade, racionalidade e universalidade científica foram construídas a partir do sujeito padrão, os supostos "criadores e donos" da ciência: homens, brancos e heterossexuais.

1.3. GÊNERO, RAÇA E CLASSE: SUAS ARTICULAÇÕES E O TRABALHO DOMÉSTICO REMUNERADO

Quando nos voltamos para o trabalho doméstico remunerado, de acordo com a presente perspectiva, tanto a interseccionalidade quanto a consubstancialidade contribuem para a busca de uma análise que atenda aos objetivos desta pesquisa, as duas de formas diferentes em seus limites e potencialidades. Se considerarmos que esta pesquisa possui um viés materialista muito forte, mas que também se atenta para as questões imateriais que estão intrínsecas aos relacionamentos de trabalho que envolvem afetividade e desigualdade não apenas econômica, mas racial e de gênero – sabendo-se que esses marcadores estão interligados – podemos estabelecer as potencialidades e limites da consubstancialidade e da interseccionalidade para essa pesquisa.

A consubstancialidade auxilia na identificação do gênero, da raça e da classe enquanto relações de produção, concepção valiosa para analisar um tipo de emprego que tem os três marcadores enquanto indicadores dos sujeitos que em uma sociedade de classes capitalista promovem a reprodução daqueles indivíduos que estão socialmente aptos para produzir e gerar mais-valia. Dessa forma, enxergar o gênero, a raça e a classe no emprego doméstico enquanto tal nos leva a uma visão que parte do pressuposto de que fazem sentido a partir do modo como são construídas em sociedades capitalistas. Assim, vemos essas relações de produção inteiramente contextualizadas em tal sistema político e econômico de modo que nos permite analisar estes marcadores como subjacentes às relações de trabalho, construindo e reforçando as desigualdades presentes em sociedade.

A consubstancialidade nos leva a entender, por exemplo, as razões para que a esmagadora maioria dos ocupantes do emprego doméstico sejam mulheres, graças à divisão sexual do trabalho que incumbe as mulheres do trabalho reprodutivo e dos trabalhos hierarquicamente desvalorizados, consequentemente empurrando-as para situações economicamente precárias, o que se agrava ainda mais no caso das mulheres negras, por conta da sua situação inferior histórica e socialmente. A consubstancialidade nos auxilia numa visão material e estrutural das relações sociais de gênero, raça e classe, posicionando-as no mundo do trabalho, relações que por muitas vezes são encaradas como subjetivas e individuais.

Sobre a interseccionalidade e suas contribuições para este trabalho, referimo-nos, principalmente, ao objetivo pelo qual este conceito foi criado por Crenshaw, enquanto jurista e militante dos direitos humanos. A autora cunha o conceito com o objetivo de garantir humanidade a tantas mulheres desumanizadas por conta de suas marcas sociais descriminadas e marginalizadas. A interseccionalidade é um conceito muito amplo que pode ser acionado em diferentes contextos econômicos e políticos, a partir de diversos e diferentes marcadores, o que a torna essencial para esta pesquisa, justamente por possibilitar ir além do mundo do trabalho e posicionar uma lente de aumento que nos permite enxergar questões que ultrapassam a materialidade das relações de produção, perpassando, assim, questões ontológicas, como a desumanização da mulher negra.

A interseccionalidade nos ajuda, por exemplo, a entender o *status* social o qual a empregada doméstica ocupa enquanto atuante de uma profissão extremamente racializada e generificada. Como essas mulheres se tornam despossuídas de valor social por conta dos marcadores sociais que carregam, e como isso influencia as relações de trabalho estabelecidas entre patrões e empregadas em um meio marcado por diversos tipos de desigualdades, o lar. Estas trabalhadoras se encontram em desvantagem, como aquelas que são "menos mulheres", de "raça inferior", uma classe de subindivíduos.

Apesar de os dois conceitos tratarem, grosso modo, da articulação de categorias sociais de desigualdade, focalizam as mesmas relações a partir de origens, visões e distanciamentos diferentes, o que enriquece a pesquisa. Pensar o emprego doméstico remunerado desse modo permite mesclar tais concepções e aproveitar o que há de mais relevante e adequado em cada uma, de acordo com o que se apresentar mais útil nas situações empíricas discutidas mais à frente na fala das entrevistadas.

No que se refere ao gênero e à raça de forma articulada, os estudos interseccionais são mais amplos e profundos, além de serem realizados, em sua grande maioria, por mulheres feministas negras, o que além de garantir uma abordagem mais distanciada do eurocentrismo e da colonialidade, é, ainda, uma opção política que constitui a presente pesquisa. Não é pretendido aqui o descarte da teoria feminista branca e materialista, muito pelo contrário: esta será necessária, pois nenhum outro tipo de teoria garante estudos tão completos e eficientes em relação à articulação entre gênero e classe. Mas há de se ter cautela, pois muitas vezes o gênero a que se propõe a estudar tal perspectiva está imbuído também de raça, a branca, sendo muitas vezes o estudo da mulher branca que está por trás do estudo da mulher, de maneira que a universalização e generalização estão, infelizmente, muito presentes.

Segundo Hazel Carby (2012), um ponto a ser ressaltado sobre o que foi dito é que comumente se vê na teoria feminista uma generalização da construção da feminilidade das mulheres, o que seria um engano, pois as mulheres brancas, principalmente as de classe média, tiveram sua feminilidade padronizada a partir de ideais vitorianos. Como principal opressão direcionada a essas mulheres, têm-se as cobranças sociais e morais, baseadas em tais ideais combinados às obrigações com o lar e com a família, enquanto as negras tiveram sua feminilidade construída por meio do seu trabalho, realizado fora dos seus lares, e não a partir da família, como as mulheres brancas, tendo, consequentemente, sua feminilidade negada. Apesar disso, não é objetivo deste livro "abrir mão" ou "descartar", mas analisar e aproveitar o que das duas perspectivas articuladoras de categorias de desigualdade melhor vão servir ao cumprimento dos nossos objetivos.

Além disso, os dois conceitos partem de algo que é extremamente importante para este estudo: a agência dos (as) oprimidos (as) e subalternos (as). No que se refere à interseccionalidade, suas análises críticas também devem contribuir para o empoderamento de grupos em situação vulnerável e de desempoderamento. Crenshaw (1991) observa que os membros desses grupos também são capazes de subverter as classificações sociais existentes, mesmo inseridos em um sistema de opressão e dominação. "Existe, no entanto, um certo grau de agência que as pessoas podem e exercem na política de nomeação" (CRENSHAW, 1991, p. 1297 apud PRINS, 2006).

A perspectiva consubstancial, apesar de ter como base as relações sociais de exploração, dominação e opressão, foi criada para pensar "a saída dos sistemas de dominação, tendo a emancipação como horizonte (...) pensar em termos de relações sociais é, lembremos, pensar em termos de relações de força, em termos de resistência e de luta" (KERGOAT, 2016, p. 24).

O presente estudo não pretende "enjaular" as trabalhadoras domésticas em suas condições de subalternas, oprimidas e exploradas; nem reforçar a visão simplista de mulheres negras vitimizadas e fadadas a um destino sem satisfações e esperanças. Este livro pretende, fundamentalmente, falar sobre esse cotidiano, mas pensar também sobre a não passividade dessas mulheres, sobre suas estratégias possíveis de autonomia e liberdade, sem esquecer de que elas estão ganhando a vida e o sustento material para si e seus dependentes do jeito que lhes é possível, em um país que trata das mulheres negras como lixo social.

Esta pesquisa fala de mulheres que resistem.

1.4. MUCAMAS E EMPREGADAS DOMÉSTICAS: ESTEREÓTIPOS E REPRESENTAÇÕES

Enquanto uma classe de mulheres que passaram por um processo extensivo de desumanização, as negras, que trabalharam a partir do período colonial desempenhando o serviço doméstico das casas e famílias de outrem, são aquelas que sofreram e sofrem com os estereótipos referentes ao trabalho que praticavam desde que foram compulsoriamente trazidas ao Brasil como escravas. Estereótipos estes construídos a partir de uma concepção e imaginário social racistas e machistas que se desenvolveram desde a colonização portuguesa, bem como de todos os processos animalizadores de seres humanos não europeus que vieram com tal colonização.

Se a divisão entre trabalho manual e trabalho intelectual é baseada em classes sociais, podemos dizer que essa divisão é, sim, baseada também em raça e gênero. E as mulheres negras experimentam tais segregações não apenas por serem mulheres, o que já representaria que socialmente não estão aptas para desempenharem trabalho intelectual, mas trabalho reprodutivo (KERGOAT, 2009). Porém, às mulheres negras está direcionado o trabalho manual não apenas por sua condição de gênero, mas, principalmente, por sua raça.

A mulher negra foi submetida a duas facetas estereotipadas fundamentais: prostitutas e mães pretas. Segundo bell hooks (1995), a primeira teria uma definição mais complexa, vindo da ideia das mulheres, especialmente as mulheres negras, serem mais próximas da natureza. Enquanto os homens haviam rompido com tal origem absoluta a partir da racionalidade e da evolução, as mulheres negras estariam ainda no estágio de essência desregrada e caótica. Assim como a natureza, a mulher negra precisa ser controlada e dominada. Assim, de natureza perigosa e emocional, a mulher negra, mais do que qualquer outro grupo de mulheres, vem sendo considerada um corpo sem mente, apenas corpo a ser utilizado de acordo com as necessidades do homem branco, a partir do seu poder absoluto sobre seus corpos escravizados, submetidas a abusos sexuais constantes e servindo de incubadora para novos escravos. Era preciso uma justificativa para o desejo colonial do homem branco, por isso, foi incutido no inconsciente coletivo que a mulher negra era dotada de um erotismo primitivo, exagerado e anormal. Assim como a natureza, deveria ser domado todo esse suposto potencial sexual perturbador.

Segundo Lélia Gonzalez (1984), do lado oposto à prostituta está a mãe preta. De característica servil, submissa e abnegada, a mãe preta é aquela que cuida das necessidades de todos, sobretudo dos mais poderosos. Estereótipo alimentado pelo pensamento racista de que as mulheres negras são naturalmente mais aptas para o cuidado. Tanto a prostituta quanto a mãe preta são faces de uma mesma mulher, quando negra; a partir disso, desdobram-se muitos outros estereótipos – os quais serão definidos adiante – que cercam a mulher negra, de modo a não permitirem que se autodefinam e controlem sua própria imagem.

> A primeira coisa que a gente percebe, nesse papo de racismo é que todo mundo acha que é natural. Que negro tem mais é que viver na miséria. Por que? Ora, porque eles têm umas qualidades que não estão com nada: irresponsabilidade, incapacidade intelectual, criancice, etc. e tal. (...) Mulher negra, naturalmente, é cozinheira, faxineira, servente, trocadora de ônibus ou prostituta (GONZALEZ, 1984, p. 225-226).

Gonzalez (1984) nos oferece uma maior dimensão do que seria o estereótipo da mucama e como ele seria, ainda, acionado nos dias de hoje, reverberando na imagem da empregada doméstica. Tal estereótipo funciona como uma nova perspectiva do estereótipo de mãe preta e como um desdobramento do estereótipo de prostituta. Segunda a autora, a produção da figura da mulata e da doméstica se faz a partir da figura da mucama, pois esta carrega a sexualização da mulata, perante a qual o senhor branco não poderia refrear seus desejos. E também aparece como a figura da servidão, a qual é confinada enquanto incapaz e incompetente para desempenhar outras atividades que não sejam servis e manuais e, também, enquanto aquela que possui um dono.

De acordo com a autora, a mulata é o oposto da doméstica, porém, estão contidas no mesmo ser, a depender da situação. No carnaval, por exemplo, a mulher negra é celebrada enquanto mulata, bela, sensual e exótica. Já no cotidiano é subalternizada enquanto doméstica praticante de trabalho sem valor.

> Quanto à doméstica, ela nada mais é do que a mucama permitida, a da prestação de bens e serviços, ou seja, o burro de carga que carrega sua família e a dos outros nas costas. Daí, ela ser o lado oposto da exaltação; porque está no cotidiano. E é nesse cotidiano que podemos constatar que somos vistas como domésticas (GONZALEZ, 1984, p. 230).

Lembrando que tais estereótipos não valem apenas para as mulheres trabalhadoras domésticas negras, mas também para as mulheres negras em geral. bell hooks (1995) e Lélia González (1984) nos mostram como tais estereótipos podem afetar as mulheres negras de todas as camadas sociais. Segundo as autoras, são recorrentes as queixas de mulheres negras em relação a sempre serem incumbidas dos trabalhos de cuidado, zeladoria, orientação e aconselhamento, independentemente da profissão que ocupem, "quer dizer, que sejam aquele peito que a todos amamenta" (HOOKS, 1995, p. 470). Além dos casos em que, mesmo portando aspectos visíveis de diferenciação – como boas roupas, por exemplo –, ainda assim são confundidas com serviçais. Isso vale para aspectos visíveis de diferenciação, e também para os aspectos intelectuais – mesmo que uma mulher negra esteja em um cargo que exija bom desempenho intelectual, ainda assim, será confundida com uma empregada doméstica. As mulheres negras das camadas sociais mais baixas são aquelas que mais sofrem com o imaginário social racista por serem elas que, muitas das vezes, são de fato as empregadas domésticas e as prostitutas. Tais visões estereotipadas não têm a ver com classe, mas sim com raça e gênero.

Giovana Xavier (2012), ao examinar as tipologias e os rótulos empregados à mulher negra na literatura ficcional do Rio de Janeiro no século XIX, mostra-nos uma perspectiva bastante reveladora da consciência socialmente desenvolvida sobre essas mulheres em um período em que a escravidão ainda era muito vívida. Segundo a autora, ao longo dos oitocentos, a imagem da mulher negra era vista por diferentes escritores literários como metáfora da patologia, corrupção e do primitivismo, representando o corpo feminino negro como doente e nocivo a uma nação em construção. Motivados pelo dito "racismo científico", muito em voga na época, havia a presença de assimilações entre traços físicos "anormais" e "animalescos" e o caráter "duvidoso" e "irracional" como principais características da mulher negra, associando características físicas degeneradas e primitivas a um caráter degenerado e mal construído; tais características eram uma marca muito forte na literatura produzida no Rio de janeiro.

Sem nos aprofundarmos nos enredos literários que constroem cada um desses estereótipos ressaltados pela autora, nos concentraremos em como tais tipologias construíram a imagem reificada da mulher negra na sociedade brasileira: a escrava negra vista como aquela que abdica do seu "eu" para cuidar dos seus senhores de forma cegamente servil e abnegada; que doa sua vida em prol do servir e nega seus sentimentos em favor dos que são superiores, daqueles que supostamente sentem de forma igualmente superior; aquela que nega sua humanidade da mesma forma que tem sua humanidade negada, a que é árdua e cegamente fiel. Nas palavras de Xavier, "menos do que amigas e companheiras, estas mulheres são retratadas como cães de guarda[15] incansáveis, desprovidas de senso crítico e de humanidade" (2012, p. 71). Tal estereótipo nominado como a *preta resignada* é representado por aquelas que são "as boas criaturas" dentre as escravas e seus tipos.

Na época, as elites acreditavam ser um dos piores males da escravidão a corrupção moral das famílias. Tal corrupção se dava justamente pela inserção do escravo doméstico dentro dos seus lares. Estes representavam um perigo, uma contaminação, um mal, indignos em amplos sentidos de estarem entre uma família branca, porém extremamente necessários para o bem-estar desta. Nessa conjuntura, encontra-se a *mucama sapequinha*, foco de corrupção física e moral das famílias brancas senhoriais, capaz de "contaminar" com seus vícios e costumes pervertidos, de infernizar com chantagens, extorsões, perseguições e traições. Uma erva daninha, sempre descrita de forma ameaçadora e perversa.

Por outro lado, há o estereótipo da *bela mulata*. Uma característica muito forte desse estereótipo está na mestiçagem que faz parte do ser mulata. Os sujeitos clareados são mais valorizados esteticamente, entre outros aspectos. São aqueles que possuem "a cor do pecado". A sensualidade, voluptuosidade e vitalidade são marcas dessa tipologia, assim como a irresistibilidade ao desejo masculino, uma erotização selvagem, tal como uma potência da natureza. Por semelhança à tipologia das *mulatas sapequinhas,* a autora ressalta o medo que as belas mulatas traziam aos homens, ameaçadoras como feiticeiras astuciosas; quanto mais ameaçadoras mais enegrecidas.

---

[15] "Nessa literatura homens e mulheres escravos tiveram seus traços físicos e comportamentais descritos como animalescos, cuja origem se daria devido às condições de degenerescência impostas pela escravidão e pela herança genética africana." (XAVIER, 2012, p. 70).

> As tipologias literárias de morena, crioulas e mestiças cristalizavam as contradições de uma intelectualidade que defendia um projeto de nação mestiça. Mas ao mesmo tempo se mostrava temerosa daquilo que entendia como suas influências nefastas: a escravidão e a herança africana. (XAVIER, 2012, p. 78).

Por último e com as mesmas marcas de mestiçagem, temos a *mestiça virtuosa*. A beleza e a voluptuosidade também são características desta, porém há um diferencial, o "coração puro". "Entre as tipologias da mulher de cor, talvez a mais habilmente construída seja esta: a da mestiça virtuosa, pois, ao menos à primeira vista, seu caráter e sua beleza representam o sucesso da fusão entre as raças branca e negra" (XAVIER, 2012, p. 78/79). Para a autora, essa tipologia representa a brasilidade tão almejada pelas elites: mestiça, recatada, instruída e dona de uma alma nobre. A sensualidade é intrínseca às marcas de negritude, mas o valor está na pele quase branca. "mulata ao mesmo tempo que branca" (XAVIER, 2012, p. 80). Não há nada de exibicionismo – como no estereótipo da bela mulata –, mas discrição, ao passo que sua beleza, sensualidade e perfeição não podem ser escondidas – uma espécie perfeita de feiticeira.

Xavier chama a atenção para um aspecto muito importante relacionado aos estereótipos, quando diz que estes devem ser historicizados, resgatando assim seu caráter dinâmico, pois podem ser alterados por aspectos de classe e cor, por exemplo. O que se observa a partir de tais estereótipos e tipologias é a reificação da mulher negra que, no Brasil, tem origem no período escravocrata e estende seus reflexos até a contemporaneidade, de forma a perpetuar a desumanização a qual tais sujeitos estão submetidos.

> Uma das características do racismo é a maneira pela qual ele aprisiona o outro em imagens fixas e estereotipadas, enquanto reserva para os racialmente hegemônicos o privilégio de serem representados em sua diversidade (CARNEIRO, 2011, p.70).

As relações sociais de gênero, raça e classe, além de produzirem e serem produto de uma sociedade altamente hierarquizada, têm seus desdobramentos e efeitos também no mundo do trabalho, tanto no produtivo, quanto no reprodutivo. Tais relações sociais engendram desigualdades e segregações que funcionam como limitadores da livre escolha dos indivíduos sobre qual o tipo de trabalho que desejam realizar. No mundo do trabalho, é possível observar, dentre muitas outras formas de fazer isso, como os atravessamentos de diversas categorias importam. Para se compreender as divisões sociais do trabalho, é preciso complexificar a análise e enxergar que é relevante um olhar contextualizado, histórico e social, sobre o gênero, a raça e a classe. Não há uma história única das mulheres da classe trabalhadora ocidental. O que há é uma história das mulheres da classe trabalhadora ocidental com atravessamentos definidos por categorias como a raça que fazem com que a história dessas mulheres seja, na realidade, diversa, de acordo com os marcadores sociais que a estruturam.

Inclusive, tais histórias distintas, por diversas vezes, podem se encontrar no mesmo espaço de intimidade e familiaridade, o lar. A partir disso, os relacionamentos são inevitavelmente envoltos pelas desigualdades e hierarquias, ganhando, assim, uma carga de tensão em um ambiente onde idealmente deveria ser de harmonia e afeto. Começamos a entrar, então, no campo do trabalho doméstico remunerado.

CAPÍTULO 2

DIVISÃO SEXUAL E RACIAL DO TRABALHO: RELAÇÕES SOCIAIS QUE SEGREGAM E HIERARQUIZAM

2.1. DIVISÃO SEXUAL DO TRABALHO: O PROCESSO DE GENERIFICAÇÃO DOS PAPEIS SOCIAIS

No que se refere à categoria de sexo/gênero, segundo Danièle Kergoat (2009), homens e mulheres estão para além de grupos biologicamente distintos, totalmente separados em dois mundos. Pelo contrário, são dois grupos que devem ser encarados como em constante relação social, as relações sociais de sexo. No âmbito material dessas relações sociais se encontra o trabalho, fazendo com que as relações sexuais sejam expressas de modo a serem "divididas" entre trabalho produtivo e trabalho reprodutivo, com os homens prioritariamente desempenhando o primeiro e as mulheres, o segundo.

Sendo assim, o trabalho produtivo, aquele "destinado" aos homens, assalariado e produtor de mais-valia, está diretamente ligado à esfera pública. Já o trabalho reprodutivo, conforme a explicação de Maria Betânia Ávila (2010), é o trabalho emocional, manual, rotineiro, de cuidar daqueles que não podem se autocuidar, limpar e arrumar, cozinhar e alimentar. Este trabalho é direcionado às mulheres e está diretamente ligado à esfera privada, não produz mais-valia, mas opera nas duas modalidades, remunerado e gratuito. Para Kergoat (2009), tal separação, baseada na diferença dos sexos para determinar de forma naturalista quais espaços, tipos de trabalho e funções sociais cada indivíduo deve ocupar, está calcado na atribuição de um gênero ao sexo biológico e faz das práticas sociais, "papéis sociais" sexuados, de modo que tais práticas são distribuídas de acordo com características biológicas de sexo. Portanto, segundo essa ideologia, a natureza dos contextos de trabalho encontram uma tradução imediata na natureza daqueles (as) a que se incorporam, assim como nos diz Nádia Guimarães (2001).

Lamoureaux (2009) fala sobre as origens das distinções entre essas duas esferas. Com origem na Grécia antiga, quando o capital principal do cidadão era o tempo e este deveria ser empregado nos relacionamentos públicos com os concidadãos e as ações em grupo. Os homens eram seres públicos cujo relacionamento com seus semelhantes era caracterizado pela gratuidade. Já os seres privados eram aqueles que tinham seus relacionamentos perpassados pelas relações de produção, que tinham como incumbência suprir as necessidades cotidianas de reprodução. Os primeiros eram homens livres, pois ser livre implicava justamente não ter de se ocupar com as necessidades cotidianas, sendo esse trabalho direcionado a outros, como mulheres e escravos fadados a invisibilidade do privado. Ser livre significava ser um chefe de família que tivesse condições de confiar o funcionamento desta nas mãos dos serem privados, para que pudessem viver a vida pública, relacionar-se com os demais seres livres e participar da ágora, palestras e assembleias.

Na modernidade, a definição do que representava as duas esferas influenciou muito a atual concepção de público e privado. Ainda segundo Lamoureaux, Jean-Jacques Rousseau teve um papel significativo na formulação da divisão entre as duas esferas, o que reproduz diretamente os papéis sociais de sexo. Segundo Rousseau, a cidadania do homem moderno corresponde à sua segunda natureza e esta depende exclusivamente da razão humana, marcando assim uma controvérsia entre natureza e cultura no que concerne à cidadania. Já as mulheres são aquelas que não a desempenham, pois além do espaço público não pertencer a elas, são consideradas incapazes de desempenharem tal razão, pois, enquanto mães, possuem seu senso de imparcialidade e capacidade racional prejudicados, não podendo fazer parte do contrato social.

A sociedade capitalista trouxe uma dicotomia muito mais aprofundada entre esfera pública e privada. De acordo com Andréia Gama (2014), a feminização da esfera da reprodução ganhou novos contornos quando foram deslocados os papéis da organização da produção do âmbito da família – onde homens e mulheres participavam de ambas as esferas[16]– para o mercado. O lugar de produção passa a ser masculino, branco e qualificado, e a casa, lugar de reprodução feminina. A dicotomia entre esferas tem a função de interditar o acesso das mulheres ao espaço público, ao trabalho produtivo, mas tais barreiras não existem de fato e são muito mais fluidas do que o imaginado.

As divisões entre homens e mulheres, esfera púbica e privada, trabalho produtivo e reprodutivo relacionadas entre si correspondem à divisão sexual do trabalho que possui dois princípios organizadores: "o princípio de separação (existem trabalhos de homens e trabalhos de mulheres) e o princípio hierárquico (um trabalho de homem "vale"

---

[16] Apesar de a esfera privada pertencer "essencialmente" à mulher e a pública ao homem de acordo com o pensamento social predominante, nas sociedades pré-capitalistas a circulação e ocupação dos dois espaços eram mais fluidas por conta da estruturação produtiva (GAMA, 2014).

mais do que um trabalho de mulher)" (HIRATA & KERGOAT, 2007, p. 599). Os dois princípios são universais, não exatamente em sua forma nos diferentes contextos sociais, mas em relação à distância entre os grupos de sexo que são permanentes. A forma como são separados os trabalhos de homens e os de mulheres são mutáveis de acordo com o espaço e o tempo, mas o princípio de hierarquização sempre pesa positivamente para o trabalho masculino (HIRATA & KERGOAT, 2007).

Portanto, a problemática baseia-se nesses dois princípios organizadores em que o trabalho reprodutivo tido como trabalho de mulher é inferior ao trabalho produtivo masculino. Essa separação tem diversas consequências quando pensamos que as relações de sexagem, relações sociais que criam as mulheres e os homens, segundo Guillaumin, são "relações de apropriação física direta" (1992[1978], apud FALQUET, 2016, p.38) que abarcam toda a individualidade física, mental e corporal da mulher. Essa relação de exploração e dominação concebe o corpo como uma "máquina de trabalho" o que permite "uma relação de classe geral na qual o conjunto de uma está à disposição da outra" (GUILLAUMIN 1992[1978], apud FALQUET, 2016, p. 38). Tais relações de apropriação[17] incluem uma disponibilidade para infindáveis atividades domésticas sem tempo delimitado por parte das mulheres.

Segundo Gama (2014), o movimento feminista, principalmente a partir dos anos 1960, passou a denunciar a invisibilidade do trabalho doméstico gratuito realizado pelas mulheres. A autora afirma que essa invisibilidade provém de dois fatores: a família definida como um lugar de consumo a partir da Revolução Industrial, perdendo seu caráter produtivo; e a naturalização da divisão sexual do trabalho no interior das famílias. O trabalho doméstico gratuito, realizado por essas mulheres, vem sendo concebido pelo pensamento feminista materialista como um trabalho de fato. O conceito de divisão sexual do trabalho pretende mais do que pensar as desigualdades inerentes à essa divisão, mas também redefinir o que significa "trabalho". De acordo com Hirata e Kergoat,

> (...) a nosso ver, falar em termos de divisão sexual do trabalho deveria permitir ir bem além da simples constatação de desigualdades. E aqui se chega à segunda acepção, segundo a qual falar em termos de divisão sexual do trabalho é: 1. mostrar que essas desigualdades são sistemáticas e 2.

---

17 Segundo Guillaumin 1992[1978], tais relações possuem quatro expressões concretas: a apropriação do tempo, a dos produtos do corpo, a coação sexual e a carga física dos membros do grupo (apud FALQUET, 2016).

articular essa descrição do real como uma reflexão sobre os processos mediante os quais a sociedade utiliza essa diferenciação para hierarquizar as atividades, e portanto os sexos, em suma, para criar um sistema de gênero (HIRATA & KERGOAT, 2007, p. 586).

Segundo as autoras, a tarefa de conceber o trabalho reprodutivo como, de fato, um trabalho, vai além de tentar apenas encaixá-lo forçosamente nos termos economicistas, mas encará-lo fora da valorização do capital. A partir de tais estudos, o consenso é de que as mulheres estão realizando trabalho gratuito, invisível, exploratório e motivado por sentimentos, tais como o amor e o dever.

Essa nova concepção sobre o trabalho doméstico trouxe muitas consequências para a desconstrução da família como uma entidade natural, biológica e estritamente afetiva para se refazer, prioritariamente, enquanto um lugar de trabalho (HIRATA & KERGOAT, 2007). Assim como as dicotomias entre esfera pública e privada, as dicotomias entre trabalho produtivo e reprodutivo também são, de certo modo, fluidas. Tanto no âmbito privado há trabalho produtivo quanto na esfera pública há trabalho reprodutivo – ou seja, há trabalho reprodutivo em meio ao trabalho produtivo e vice-versa. O trabalho doméstico, quando delegado a outras mulheres, sobrepõe o público e o privado uma vez que é desempenhado pela mulher "dona da casa" em seu próprio lar e pela mulher contratada – para esta o trabalho doméstico operado de forma remunerada e exterior à sua própria casa. Segundo Roberts (1997), o trabalho doméstico espiritual valorizado (o de cuidar e formar moralmente os filhos, ser esposa e administrar o lar) é em grande parte confinado ao lar, enquanto as tarefas domésticas subalternas e desvalorizadas (limpar, lavar, cozinhar etc.) podem ser compradas no mercado.

De acordo com Gama (2014), há diversas interligações entre trabalho produtivo e reprodutivo, dentre as quais se destacam: 1) a família como produtora de serviços; 2) a flexibilidade do trabalho torna o espaço doméstico mais um espaço de produção de bens e serviços (trabalho produtivo em casa), o que tornam fluidas as conexões entre as atividades dentro e fora do mercado de trabalho; 3) os desempregados e excluídos da vida econômica adotam estratégias de sobrevivência como a expansão do trabalho sem remuneração; 4) as transformações pelas quais passam as famílias fazem surgir novas equações e arranjos para o entendimento do conflito trabalho produtivo/reprodutivo; e 5) a redefinição da relação de subordinação entre os dois tipos de trabalho passa pelo exame crítico da influência mútua das duas esferas.

Tais dicotomias artificialmente instituídas estão também condicionadas às categorias de gênero, classe e raça, tanto em sua fluidez, quanto em sua rigidez. É a partir das diferenças de sexo que se estabelecem quais os tipos e as condições de trabalho e a qual esfera se tem possibilidade de ocupar. É relacionado à classe o quanto as mulheres estarão no espaço público e de que forma, pois as mulheres pobres sempre precisaram ocupar tal espaço no âmbito do trabalho para garantirem sua subsistência, e continuamente realizaram na esfera privada o trabalho reprodutivo, tanto em suas próprias casas quanto nas casas de suas patroas e patrões. Associado à classe, encontra-se a raça, mulheres negras desde a colonização e escravidão ocupam a esfera pública e a privada, tanto como mucamas[18] quanto como trabalhadoras agrícolas, entre outras ocupações realizando trabalho extenuante e subalterno (ROBERTS, 1997). De acordo com Carby (2012), as mulheres pobres e negras sempre precisaram estar na esfera pública desempenhando serviços, sejam eles escravos, ou com remuneração precária, ao contrário das mulheres brancas de classe média que vieram a ocupar esse espaço (no que concerne ao trabalho) apenas a partir da Revolução Industrial, e em maior escala a partir da reestruturação produtiva ocorrida nas últimas décadas do século XX.

2.2. A FEMINIZAÇÃO DO TRABALHO: INSERÇÃO À CUSTA DE PRECARIZAÇÃO

A inserção das mulheres no mercado de trabalho, apesar de ser uma demanda de extrema importância para sua emancipação e autonomia, não se fez de forma a livrá-las da exploração e apropriação de seu tempo e força de trabalho (força de trabalho potencialmente vendável e a força de trabalho reprodutiva gratuita) e da precarização do trabalho remunerado.

Segundo Nogueira (2003), a partir de 1973 o capitalismo na Europa iniciou mais uma de suas metamorfoses por conta da crise do taylorismo/fordismo, um processo de reestruturação produtiva que visava alterar e até substituir os citados padrões produtivos em crise, dando origem ao toyotismo (ou alguns aspectos deste). Esse processo chegou ao Brasil mais tardiamente, a partir dos anos 1980.

---

18 As mucamas muitas vezes transitavam entre os espaços público e privado, pois só assim dariam conta das necessidades domésticas com afazeres como a ida às feiras e aos pequenos mercados e à lavagem de roupas, por exemplo, realizada em lugares públicos e compartilhados (GRAHAM, 1992).

Enquanto desdobramento desse processo de reestruturação produtiva que faz parte da globalização econômica, observa-se, segundo Ricardo Antunes e Giovanni Alvez (2004): 1) a redução do proletariado industrial, fabril, manual, estável, qualificado e especializado que marcou o taylorismo/fordismo. Esta considerável redução resulta em formas mais desregulamentadas, instáveis e informalizadas de emprego; 2) a formação de um novo proletariado fabril e de serviços em escala mundial presentes em diversas modalidades de trabalho precarizado; 3) um aumento muito significativo do trabalho feminino, principalmente em empregos de meio período, terceirizados, precarizados e desregulamentados; 4) uma significativa expansão de trabalhadores no setor de serviços; 5) a exclusão de jovens e idosos do mercado de trabalho, e, em decorrência disso, o crescimento do trabalho informal e voluntário; e 6) o aumento do trabalho em domicílio, permitido pela desconcentração do processo produtivo. De todos esses aspectos, o que é interessante para este estudo são os impactos da reestruturação produtiva, no sentido de alargar a inserção feminina no mercado de trabalho, os padrões de flexibilização que vêm sendo instituídos e o quanto esse processo afeta as condições de trabalho da mulher. Tais implicações afetam as mulheres, tanto no que se refere ao mercado de trabalho quanto em suas vidas familiares, que permanecem envoltas em torno de tensões, contradições e desigualdades.

De acordo com Hirata e Kergoat, "(...) a flexibilização pode reforçar as formas mais estereotipadas das relações sociais de sexo" (2007, p.600), e isso se dá de diversas formas. Com a globalização econômica e a maior inserção das mulheres no mercado de trabalho,[19] estas estão em sua maioria localizadas nos setores com as piores condições de trabalho e de direitos trabalhistas, como o setor de serviços. Em países desenvolvidos, encontram-se em trabalhos parciais, sazonais e temporários e nos países em desenvolvimento, em empregos informais e de meio período. Nesse sentido, as mulheres aumentam sua participação no mercado de trabalho, mas em contexto de perda de direitos (HIRATA & KERGOAT, 2007).

Ainda segundo as autoras, a escolarização feminina também vem aumentando. É significativo o número de mulheres que tem alcançado o nível superior e se inserindo no mercado de trabalho a partir dessa qualificação. Porém, simultaneamente a essa tendência, há muitas outras mulheres em estado crescente de pobreza e precariedade.

---

19 Para as autoras, essa inserção é maior que a masculina. Os homens se estagnaram e até regrediram no que tange às taxas de participação laboral.

Observa-se, portanto, um crescimento dos capitais econômicos, culturais e sociais de uma parcela das mulheres que não é desprezível, porém, apesar do aumento da escolarização estar em todas as camadas sociais e raciais, em maior ou em menor proporção, a grande maioria das mulheres não têm acesso a os tais capitais e à inserção no mercado de trabalho regular, estável e bem remunerado (e nem sempre o segundo é uma consequência direta do primeiro). Tal fenômeno se caracteriza no que Cristina Bruschini e Maria Lombardi (2000) e Helena Hirata (2002) chamam de bipolaridade do trabalho feminino; as autoras, inclusive, colocam o emprego doméstico como o maior exemplo de ocupação desfavorecida nessa balança. Segundo Hirata e Kergoat (2007), o que se vê, pela primeira vez na história do capitalismo, é o surgimento de uma camada de mulheres cujos interesses diretos, sem mediações masculinas de qualquer ordem, são opostos aos daquelas mulheres não pertencentes à mesma classe do que as primeiras, submersas na precariedade e na pobreza.

Tal oposição de interesses se converte não só em uma oposição de classe, mas de raça, que se reproduz de forma relacional ao gênero. O aumento no número de empregos na área de serviços, também decorrente da reestruturação produtiva, é parte muito presente dessa bipolaridade. Enquanto algumas mulheres alcançam empregos que exigem alta qualificação, antes apenas ocupados por homens, sobram muitas mulheres desqualificadas que não veem outra saída, senão empregos tidos como femininos e precarizados, assim como o emprego doméstico.

Decorrente dessa maior inserção das mulheres de classe média e alta no mercado de trabalho, a problemática que se apresenta ainda persiste na desigualdade em vários âmbitos. Apesar da entrada em massa das mulheres no mercado de trabalho representar um significativo avanço em termos de igualdade em relação aos homens, essa igualdade não se faz plena quando pensamos nas condições de trabalho femininas em relação às masculinas e em quais ocupações profissionais as mulheres estão inseridas. Outro fator que conta muito é a divisão dos dois tipos de trabalho (produtivo e reprodutivo) no contexto da família que não se dá de forma a transformar a igualdade entre gêneros em uma realidade. Esse segundo aspecto será tratado mais adiante. Vamos nos atentar agora ao primeiro.

De acordo com Nogueira (2003), a lógica mercadológica que se estabeleceu após a reestruturação produtiva e a globalização econômica é da flexibilização, possuindo relação direta com o trabalho feminino, na medida em que possibilita que as mulheres estejam inseridas em trabalhos de meio período, terceirizados (que frequentemente permitem a realização de tarefas em domicílio) e trabalhos domiciliares. Essa lógica representa uma vantagem para os contratantes, pois estes não precisam pagar pelos direitos trabalhistas e benefícios sociais dessas trabalhadoras.

Tais condições de trabalho só representam uma vantagem se pensarmos pela seguinte perspectiva: por muitas vezes, os trabalhos flexíveis são os principais alvos, pois as mulheres que têm o trabalho produtivo como uma responsabilidade sabem que não serão desobrigadas do trabalho reprodutivo. Os trabalhos flexíveis permitirem a conciliação entre o trabalho assalariado desempenhado em seus empregos, e o trabalho gratuito desempenhado em suas casas.[20] Porém, as vantagens não são reais do ponto de vista trabalhista e de direitos, pois garantem muito pouco ou quase nada, colocando essas mulheres em contexto de pobreza e precariedade. Sem contar que em condições de desemprego seriam as primeiras a serem dispensadas (HIRATA, 2002).

Abramo (2010 apud Gama, 2014) afirma que a concepção que coloca as mulheres enquanto "força de trabalho secundária" também é uma grande aliada no reforço das desigualdades de gênero que sustentam a dicotomia "mulher cuidadora" e "homem provedor". Essa concepção informa que as mulheres são e podem continuar sendo dependentes de seus parceiros/maridos e que os salários que recebem não compõem uma larga parcela no orçamento familiar, mas auxiliam e ajudam nesse orçamento, de modo que se forem perdidos não farão tanta falta para o sustento do lar e subsistência das famílias. Esse pensamento que está impregnado no imaginário social, no processo de construção de políticas públicas e na constituição da maioria das instituições do Estado de bem-estar social, não é comprovado empiricamente. Muito pelo contrário: o que é constatado é justamente que os parceiros/maridos não possuem condições de sustentar as mulheres, isto é, a renda destas é sim essencial e indispensável para o sustento dos integrantes da casa e a sua manutenção, compondo 40,9 %[21] da renda familiar total.

Ainda sobre isso, atribuir às mulheres a posição de força de trabalho secundária é ignorar completamente a existência de mulheres de todas as raças e classes que são "chefes de família" e provêm a totalidade

---

20 Porém, essas esferas são fluidas, pois muitas vezes as mulheres desempenham trabalho salariado em suas casas e trabalho reprodutivo fora de suas casas, por exemplo.

21 IBGE (2014).

da renda familiar. Segundo Biroli & Miguel (2015), essas famílias são marginalizadas por um pensamento intelectual tradicional que não leva em consideração as influências da classe, da raça e do gênero de forma articulada e pressupõe serem geradoras de pobreza a constituição das famílias que fogem ao "modelo padrão", assim como as famílias monoparentais com provedoras mulheres da classe trabalhadora. Os autores deixam claro que não se pode tratar a pauperização dessas famílias como uma questão de gênero somente, mas de gênero, raça e classe, uma vez a forma com que juntos produzem hierarquias sociais estabelecem as posições de maior desvantagem e desprivilegio, principalmente para as mulheres negras.[22]

As famílias que têm mulheres como responsáveis pelo provimento são bastante comuns, sobretudo entre as mulheres negras. Segundo Carby (2012), o uso do conceito de "dependência" é problemático quando empregado a essas mulheres, que em sua maioria não têm em seus parceiros o grande provedor, mais especificamente quando o parceiro é negro, graças ao alto índice de desemprego masculino negro. Desde a sua origem, a feminilidade das mulheres negras foi construída sobre o trabalho, seja escravo, seja subalternamente assalariado.

Para Hirata (2002), são atribuídas ainda às mulheres outro papel a partir da reestruturação produtiva, qual seja, o de aumento do desmantelamento das normas de emprego dominante, levando precariedade ainda mais acentuada para o conjunto da classe trabalhadora, incluindo o contingente masculino. Processo que, de acordo com Nogueira (2003), vem se dando desde a Revolução Industrial a partir do qual toda a família (homem, mulher e filhos) passou a fazer parte da força de trabalho das indústrias, o que rebaixava o valor do trabalho masculino. O capital se utiliza da divi-

---

[22] "Os dados sobre renda e chefia familiar confirmam essa interpretação: a renda per capita média dos domicílios em que o chefe- de- família é homem é 12,3% maior do que a daqueles chefiados por mulheres, nesse caso sem desagregação por cor. Quando são observados apenas os domicílios chefiados por mulheres, a renda per capita média daqueles chefiados por mulheres brancas é 90% maior do que a daqueles chefiados por mulheres negras – e 66,8% maior do que a renda média per capta daqueles chefiados por homens negros. Isso não anula a diferença de gênero mesmo entre grupos racialmente homogêneos. Domicílios chefiados por homens brancos têm renda per capita média 10,7% superior à dos domicílios chefiados por mulheres brancas, em um paralelo com o que ocorre na população negra, onde os domicílios chefiados por homens negros têm renda média per capita 13,9% maior do que o daqueles chefiados por mulheres negras (IPEA, 2014)" (BIROLI & MIGUEL, 2015, p. 41).

são sexual do trabalho para incentivar a competição entre trabalhadores. A força de trabalho feminina rebaixa os salários de uma forma geral, de modo que as mulheres recebem salários mais baixos ainda.

2.3. CONCILIAÇÃO OU TENSÃO? A "DIVISÃO" FAMILIAR DO TRABALHO PRODUTIVO E REPRODUTIVO

Tabet (2004 apud FALQUET, 2016), ao forjar o conceito de "*continuum* de troca econômica-sexual", com o objetivo de desconstruir a falsa oposição entre "trabalhadoras do sexo" e "boas esposas", fala que em uma extremidade do *continuum* estão as mulheres que fornecem trabalho sexual de forma paga, e, na outra, estão as esposas às quais o contrato de casamento garante que sejam mantidas em troca do que Tabet chama de "amálgama conjugal". Esse conceito se caracteriza pela prestação de diversos serviços ao marido e/ou à família legitimados pelo amor e pelo dever. A autora separa tais serviços em trabalho sexual, procriativo, doméstico e emocional.

Segundo Falquet, "(...) uma parte crescente do trabalho geralmente atribuído às mulheres parece sair do contexto conjugal-familiar para ser realizada de maneira remunerada no mercado" (2016, p. 37). O que nos diz muito sobre o tipo de trabalho que a grande maioria das mulheres vêm realizando, trabalho reprodutivo de diferentes tipos, externalizado e pago.

Diante desse contrato estabelecido entre homens e mulheres em que é mantido e garantido a subsistência e o provimento material pelos primeiros, em troca dos serviços femininos que suprem as necessidades de reprodução da vida, visto que essas mulheres estão produzindo no espaço público o trabalho amalgamado vivenciado no privado. Juteau e Laurin (1988 apud FALQUET, 2016) falam sobre a apropriação privada e a coletiva das mulheres em que têm a força de trabalho apropriada em suas casas e também no âmbito social externo às suas famílias. Elas não são contraditórias, pelo contrário, são solidárias, pois as condições de trabalho da mulher não a permitem que independam dos homens. Sem permanecerem a serviço dos homens de sua família não seria possível viver. Dessa forma, dispensar essa "manutenção" subjacente ao contrato de casamento não é possível. Esse peso das cargas domésticas e familiares as tornam recrutas perfeitas para o mercado de trabalho.

As condições em que se dão essa apropriação variam de acordo com as posições de raça e classe de cada mulher. Segundo Falquet (2016), as mulheres não privilegiadas por essas duas categorias estão no centro da análise por comporem grande parte da classe trabalhadora feminina. Essas mulheres quando oferecem no mercado as tarefas de amálgama conjugal ganham pouco e o seu trabalho não representa a "liberdade" das instituições familiares e nem conjugais.

Diante de tais quadros, que representam a situação da mulher no mercado de trabalho e em suas vidas familiares, o que se observa é uma tensão no que se refere à ocupação das duas esferas de trabalho (pública e privada). As tensões não são reservadas apenas para as relações conjugais, mas tensões de classe e raça se delineiam a partir do momento que o trabalho reprodutivo começa a ser "externalizado" e a contratação de empregadas domésticas passa a ser indispensável à manutenção da casa e dos integrantes familiares. No Brasil, o que se vê é uma maioria de mulheres negras pauperizadas, realizando esse tipo de serviço de forma precária em lares de classes média e alta predominantemente brancos.

Hirata e Kergoat (2007) afirmam que a tensão conjugal se estabelece quando o modelo de complementaridade de papéis é rompido com a entrada da mulher no mercado de trabalho sem a desoneração do trabalho doméstico, acumulando, assim, os dois tipos de trabalho. Tal rompimento provoca uma fratura nas "funções" masculinas de provedor, e femininas de cuidadora doméstica. A conciliação aparece, portanto, apenas para a mulher, aquela que concilia vida profissional e familiar, pois o estabelecimento de uma parceria, em que se convenciona uma igualdade de papéis e divisão de tarefas é incomum entre os cônjuges. Por isso, segundo as autoras, o termo "conciliação" ou "articulação" deve ser substituído por "conflito", "tensão" ou "contradição".

Enquanto um modelo que abrange a todas as mulheres trabalhadoras, as mulheres pobres e majoritariamente negras, que fornecem trabalho reprodutivo aos lares de classes mais altas, também possuem seu modelo de delegação, evidentemente em outros moldes e com diferentes consequências sobre as vivências dessas mulheres e de seus filhos. As redes de cuidado que dispõe não se baseiam na mercantilização de tais cuidados, mas podem contar com o auxílio de parentes, amigas e vizinhas que cuidem principalmente de seus filhos. Segundo Carby (2012), entre as mulheres negras estas redes de apoio e o senso de comunidade – apesar de não deverem ser romantizados – fazem bastante contraste com a posição isolada das mulheres pertencentes às estruturas das famílias nucleares brancas.

De acordo com Bila Sorj (2014), o trabalho doméstico remunerado, apesar de ser a principal "ferramenta" utilizada pelas mulheres na articulação entre o trabalho doméstico e o trabalho produtivo, representa um aprofundamento nas relações de desigualdade de gênero e de classe social. Segundo a autora, o trabalho doméstico remunerado é um dos principais responsáveis pela entrada de uma grande parcela das mulheres no mercado de trabalho. Esse processo se dá de duas formas: *de forma direta*, com a entrada de mulheres desqualificadas no emprego doméstico, pois estas mulheres já realizam trabalho doméstico gratuito em suas casas, passando, então, a desempenharem tal trabalho em outras casas, de forma remunerada; e de *forma indireta* porque possibilita que as mulheres que delegaram as tarefas domésticas possam ingressar no mercado desempenhando diferentes funções.

"Como atenuante de tais tensões conjugais e familiares o modelo de delegação é acionado como 'nova solução' para o antagonismo entre responsabilidades familiares e profissionais." (HIRATA & KERGOAT, 2007, p. 605). Porém, essa pacificação das interações sociais dos casais e nas empresas – já que permite à mulher uma maior flexibilidade em relação às suas demandas – não faz avançar em nada a relação de igualdade entre homens e mulheres, pois funciona no âmbito da dissimulação e negação. Além do mais, a gestão do conjunto do trabalho delegado sempre está nas mãos daquelas que delegam (HIRATA & KERGOAT, 2007). Ou seja, o modelo de delegação está centrado na relação social de conflito e contradição entre mulheres de diferentes raças e classes, sendo o cerne dessa problemática a polarização e a diferença entre essas mulheres de forma direta, sem interferência masculina de qualquer ordem.

2.4. DIVISÃO RACIAL DO TRABALHO: ESTRATIFICAÇÃO INTRAGÊNERO

Relacionada à divisão social do trabalho, a divisão racial é das mais segregadoras por operar tanto nos trabalhos ditos "femininos", quanto nos "masculinos". Segrega mulheres negras a determinados setores, tipos e condições de trabalho dentro de uma divisão sexual e faz o mesmo com os homens. Atenho-me, neste estudo, na divisão racial que está dada de forma relacional à divisão sexual do trabalho no que se refere às mulheres. O centro da argumentação está no "modelo de delegação" utilizado por mulheres brancas de classes médias e altas ao mercantilizarem o trabalho reprodutivo – que socialmente é tido como seu encargo, de acordo com os papéis de naturalização sexistas – às mulheres negras de classes baixas. De acordo com Roberts (1997), se para as mulheres brancas a conquista dos postos de trabalho, antes ocupados apenas por homens, representa um grande avanço, para uma parcela significativa das mulheres negras, o que restou foi ocupar o tipo de trabalho que as mulheres brancas não teriam mais condições de desempenhar: o trabalho reprodutivo e subalterno delegado por elas.

De acordo com Carby (2014), enquanto para as mulheres brancas a opressão familiar se baseia na intersecção entre a estrutura material da casa e a ideologia da feminilidade, no sentido de que é depositado sobre elas o dever com tudo o que concerne ao universo da casa, justamente pela naturalização do trabalho doméstico exercido por elas. Esse fator atrapalhou essas mulheres no objetivo de alçarem ao trabalho remunerado no mundo público, fazendo-as extremamente dependentes dos homens. Segundo a autora, para as mulheres negras não são exatamente essas as condições, pois a ideologia da sexualidade feminina negra não provém originalmente da família, mas sim da negação da feminilidade da mulher negra, pois a forma como se constitui o gênero da mulher branca é diferente do da mulher negra. A ideologia da domesticidade e da maternidade feminina negra são construídas por meio do seu trabalho (desde sua condição de escravas) como empregadas domésticas, babás, cozinheiras etc., mais do que em relação com suas próprias famílias.

Sobre o conceito de feminilidade da mulher negra e o quanto este sempre esteve atrelado ao trabalho e não aos ideais de domesticidade, como no caso das mulheres brancas, Angela Davis (2016) diz que, em tempos escravocratas, a vida doméstica teve uma grande importância para mulheres e homens negros, pois era apenas nesse cotidiano que tinham a oportunidade de experimentarem alguma humanidade. Sendo assim, as mulheres negras não eram diminuídas por desempenharem trabalho doméstico, até porque eram vistas como trabalhadoras, assim como os homens. Tal coisa já não acontecia com as mulheres brancas – ao contrário destas, as mulheres negras não poderiam ser tratadas como "meras donas de casa".

Carby (2014) nos mostra que até mesmo o conceito de "reprodução" deve ser problematizado quando empregado às mulheres negras, pois o conceito não se encaixa no contexto dessas mulheres em situação de emprego doméstico, já que asseguram a reprodução da mão de obra em sua própria casa e também a reprodução da mão de obra nas casas das famílias brancas às quais trabalham. De acordo com a autora, o conceito de "reprodução", do modo como é empregado às mulheres brancas, não explica essa realidade vivenciada pelas trabalhadoras domésticas negras.

Não se pode ignorar as origens escravocratas do trabalho doméstico remunerado, não só no que diz respeito à sobrerrepresentação de mulheres negras nessa categoria, desde que este tipo de serviço passou a ser realizado de forma remunerada e não apenas de forma escrava,[23] mas também a própria origem do serviço realizado pelas mucamas em tempos de escravidão. Tal origem histórica cumpre uma ordem de estigmatização circular em que tanto os indivíduos que praticam o trabalho doméstico remunerado são estigmatizados por praticarem esse tipo de serviço, quanto pelo próprio trabalho doméstico carregar o estigma de ser um "trabalho rebaixado" e sem valor por ser em sua origem histórica, aqui no Brasil, delegado pelas famílias brancas e detentoras de posses (padrões sociais) a escravas, tornando, assim, o trabalho doméstico um "trabalho de preta", de escrava.

Às mucamas era delegado o trabalho reprodutivo, "responsabilidade" das sinhás, desde a satisfação sexual dos seus senhores até a criação de seus filhos, além de todas as demais tarefas domésticas (GONZALEZ, 1984; HOOKS, 1995; DAVIS, 2016). Apesar de tais origens estarem enraizadas historicamente e integrarem as construções do que é o trabalho doméstico remunerado na contemporaneidade, refletindo diretamente nas condições de trabalho e relações entre patrões e trabalhadoras domésticas, tornando-as servis e exploratórias, tais características não se devem a um "ranço" pré-moderno presente na modernidade capitalista. Esse argumento está calcado na ideia de que nos países subdesenvolvidos que foram vítimas do colonialismo, quando capitalistas, agregam sempre "sujeiras" da pré-modernidade, rompendo com um ideal purista de capitalismo. Segundo Lélia Gonzalez (1979), em sua leitura de José Nun (1978), o que acontece, na verdade, é que

---

[23] Vale salientar que concomitante ao trabalho doméstico de forma remunerada, sempre existiu o trabalho doméstico escravo, mesmo após a abolição. Podemos enquadrar o trabalho doméstico que é feito sem remuneração em dinheiro, mas em troca de alimento, moradia e vestimenta como trabalho análogo ao escravo de acordo com a definição de trabalho decente da Organização Internacional do Trabalho (OIT). Disponível em: <http://www.oitbrasil.org.br/content/o-que-e-trabalho-decente> Acesso em: 27 mai. 2021.

tal divisão racial do trabalho motivada pelo racismo e as relações de subalternidade e exploração concernentes ao trabalho do negro fazem parte do "jogo capitalista":

> (...) o racismo – enquanto articulação ideológica e conjunto de práticas – denota sua eficácia estrutural na medida em que estabelece uma divisão racial do trabalho e é compartilhado por todas as formações socioeconômicas capitalistas e multirraciais contemporâneas. Em termos de manutenção do equilíbrio do sistema como um todo, ele é um dos critérios de maior importância na articulação dos mecanismos de recrutamento para as posições na estrutura de classes e no sistema da estratificação social. Desnecessário dizer que a população negra, em termos de capitalismo monopolista, é que vai constituir, em sua grande maioria, a massa marginal crescente. Em termos de capitalismo industrial competitivo (satelitizado pelo setor hegemônico), ela se configura como exército industrial de reserva (GONZALEZ, 1979, p. 9).

Nota-se que além das origens históricas escravocratas, que construíram práticas sexistas e racistas que fundamentam as relações sociais e de trabalho das domésticas, há uma apropriação capitalista de tais práticas no âmbito institucional, societal e econômico que torna o negro exército industrial de reserva e, na pior das hipóteses, massa marginal – que não tem funcionalidade, excluídos permanentemente do processo de produção, do mercado (GONZALEZ, 1979). Diante desse quadro para a população negra no Brasil, às mulheres pobres e sem qualificação profissional o trabalho doméstico se torna uma possibilidade dentro de poucas em um contexto de pós-reestruturação produtiva em que o setor de serviços tem cada vez mais demanda e que é cada vez mais necessária a delegação do trabalho doméstico.

O trabalho reprodutivo remunerado carrega em si diversos elementos discriminatórios e opressores que refletem estruturas sociais mais amplas, seja no quesito de gênero, seja no quesito racial. Eileen Boris (2014) afirma que enxergar o trabalho reprodutivo ou as tarefas de *care* como um não trabalho, e as trabalhadoras mulheres que praticam o *care* e a reprodução social de forma a oferecerem um trabalho gratuito é considerá-las como não trabalhadoras. Essa concepção incide diretamente sobre o trabalho reprodutivo não remunerado e o trabalho de *care* remunerado – as primeiras informam as segundas e a sua desvalorização. Ou seja, quanto mais forte a ideia de que o trabalho doméstico quando realizado pelas próprias "donas de casa" não é de fato um "trabalho", mais o trabalho doméstico remunerado não será valorizado, gerando assim cada vez mais desigualdade, exploração, relações servis e apropriação dessas mulheres trabalhadoras.

Dentre as mulheres pobres sem qualificação profissional e desprovidas de capital simbólico, portanto extremamente sujeitas ao trabalho doméstico, há aquelas que estão ainda mais sujeitas, as que estão condicionadas pelo seu fenótipo, que também é um definidor de qual ocupação profissional terá possibilidades de ocupar. Segundo Damasceno (2000), em suas pesquisas a respeito do termo "boa aparência", amplamente utilizados nos anúncios de emprego de jornal nos anos 1950, afirma que para o emprego doméstico havia uma subdivisão racial que delimitava o tipo de trabalho doméstico remunerado que uma doméstica negra poderia desempenhar e o tipo que era direcionado a uma doméstica branca. Segundo a autora, a preferência para o serviço doméstico era de mulheres brancas, preferivelmente portuguesas ou europeias, porém não era para qualquer serviço: para copeiras a preferência era maior para brancas, pois estas deveriam servir e entrar em contato com as pessoas da casa e as visitas. Já para as arrumadeiras e cozinheiras não importava a cor, portanto, poderiam ser negras, pois estariam escondidas na cozinha ou nos cômodos e não em contato com as visitas, por exemplo.[24]

As subdivisões raciais no interior do trabalho doméstico são recorrentes e se dão de diversas formas: podem marcar diferenças raciais, como citado no parágrafo anterior, mas também são capazes de designar diferenças raciais e de classe. Segundo Dorothy Roberts (1997), o trabalho doméstico é dividido em dois aspectos: o espiritual e o subalterno. O espiritual é aquele de valor superior que é essencial à administração da família e à educação moral dos filhos, exige esforço intelectual e racional e é realizado por mulheres brancas de classes médias ou altas, geralmente as donas do lar. Já o trabalho subalterno é desvalorizado por ser extenuante e desagradável e não necessita de esforço intelectual nem moral; é delegado às mulheres negras de classes baixas. Enquanto a divisão entre homem e mulher se dá na divisão entre público e privado, trabalho produtivo e reprodutivo, a divisão entre mulheres é anterior às divisões de gênero, perpassando aspectos de classe e raça que dividem trabalho doméstico de maior valor e de menor valor.

---

24 Apesar de tais preferências, o serviço doméstico no Brasil sempre foi ocupado por maioria negra, independentemente das aspirações dos patrões brancos de classe média em ascensão interessados em marcar distância social baseada em critérios raciais, tentando assim se encaixar em um novo estilo de vida urbano e moderno baseado no *american way of life*.

Chamada por Roberts de *spiritual/menial dichotomy*,[25] tal dicotomia reflete a divisão marxista entre trabalho produtivo e reprodutivo, pois enquanto o feminismo marxista se concentra na exploração de gênero contida no trabalho reprodutivo, a autora se propõe a aprofundar-se nos dois diferentes tipos de trabalho dentro dessa categoria, sendo a divisão racial do trabalho doméstico um reflexo direto da divisão sexual do trabalho. De acordo com tal dicotomia, o trabalho espiritual é valorizado e em grande parte confinado ao lar, enquanto as tarefas domésticas desvalorizadas podem ser compradas no mercado. Porém, quando as tarefas de *care* deixam a casa e se deslocam para o mercado perdem seu *status* de trabalho de afeto, passando a ser desqualificado, sendo qualquer mulher capaz de realizá-lo, pois se apresenta como uma característica natural do sexo. Segundo Boris (2014), esse trabalho é estigmatizado por duas razões: 1) porque envolve sujeira, corpo e intimidade; 2) porque vem sendo ocupado por pessoas de *status* mais baixo, mulheres de cor ou imigrantes recentes.

Segundo Roberts, o ideal vitoriano de feminilidade surgiu baseado, em parte, na instituição da escravidão. Mulheres brancas fariam o trabalho doméstico espiritual e as mulheres negras trabalhariam no campo servindo as famílias brancas e praticando o trabalho sujo e pesado. McClintock (2003), ao falar dos ideais vitorianos de feminilidade e domesticidade, ressalta que era contra a doutrina vigente que as mulheres expusessem algum sinal de realização visível de trabalho doméstico pesado em sua aparência ou em suas vestimentas. A sujeira doméstica deveria ser escondida na cozinha, fundos, celeiros e sótão– a arquitetura do não visto – caso fossem as próprias donas da casa que a realizassem e, se tivessem condições financeiras para terem empregadas, rapidamente era delegado a estas o trabalho doméstico sujo e subalterno. Para a autora, "a sujeira era um escândalo vitoriano porque era a evidência excedente do trabalho manual, o resíduo visível que teimosamente permanecia depois que o processo da racionalidade industrial tinha feito sua parte" (MCCLINTOCK, 2003, p. 40).

Essa "complementaridade" entre trabalhos domésticos, administrada pelas mulheres mais privilegiadas, que estão no mundo do trabalho em razão da produtividade; essas, quando delegam o trabalho doméstico a outras mulheres mais pobres, acabam enxergando nas trabalhadoras domésticas não uma "empregada" autônoma, mas uma extensão de si

---

25 Traduzido livremente para "dicotomia spiritual/subalterno".

mesmas. Segundo Roberts, a empregada doméstica representaria uma outra mulher que pratica o trabalho subalterno ao qual sua patroa não teria disponibilidade de praticar. Assim, as domésticas fazem parte do que suas patroas representam no âmbito familiar, a partir do momento que as primeiras têm suas tarefas e a forma como realizá-las coordenadas e administradas pelas segundas.

Para Davis (2016), as mulheres brancas de classe média, como as ativistas feministas brancas (a autora as usa como exemplo) protestam pelas condições de trabalho de outras trabalhadoras, mas não se atentam para as condições de trabalho de suas próprias domésticas.

> Esta militante feminista estava perpetuando a mesma opressão contra a qual protestava. Mas seu comportamento contraditório e sua insensibilidade desproporcional não são inexplicáveis, já que as pessoas que trabalham como serviçais geralmente são vistas como menos do que seres humanos (DAVIS, 2016, p. 104-105).

Davis também confirma o fato de as trabalhadoras domésticas serem tidas como uma parte constituinte de suas patroas.

> A serviçal, por outro lado, trabalhava com o único propósito de satisfazer as necessidades da sua senhora. Provavelmente enxergando sua criada como mera extensão de si mesma, a feminista dificilmente poderia ter consciência de seu próprio papel ativo como opressora (DAVIS, 2016, p. 105).

Sobre a apropriação das trabalhadoras domésticas negras pelas mulheres brancas, Bento (1995) chama atenção para a tendência e a necessidade de desconstrução de formas de pensamento que atribuem a um passado escravista as desigualdades raciais, que, não por coincidência, teria atingido apenas os descendentes de escravos. Essa forma de pensamento nunca explora a incidência e as consequências históricas e sociais dessa época sobre os brancos. Como se tivéssemos um Brasil de ex-escravos e nenhum ex-escravocrata. É preciso se atentar para o que esse período histórico trouxe enquanto construção de práticas: pensamentos e ideologias racistas e construções de relações de servidão; e subordinação e desumanização de brancos (as) sobre os negros (as). O que se vê nesse tipo de apropriação é claramente as consequências desses tempos não só sobre as mulheres negras descendentes de escravas, mas também sobre as mulheres brancas privilegiadas descendentes de imigrantes ou ex-senhores e senhoras de escravos.

Ainda de acordo com Roberts, a delegação do trabalho subalterno a essas mulheres negras está baseada, também, na negação da sua capacidade para o trabalho espiritual. A elas é atribuído o trabalho subalterno não só pela sobrerrepresentação nesse tipo de trabalho, mas porque são concebidas pelo imaginário dominante como piores mães e que transmitem uma vida de pobreza e marginalidade aos seus filhos; são tidas como amorais e muito longe do espírito materno; e têm sua natureza determinada pelo descuido, irracionalidade e marginalidade, características totalmente inadequadas para o trabalho espiritual.

Como forma de ação transformadora da situação social e trabalhista, segundo Boris (2014), o movimento das trabalhadoras domésticas em âmbito global tem buscado o reconhecimento enquanto trabalhadoras. Com a aprovação da Convenção 189 da OIT – "Trabalho decente para as trabalhadoras domésticas" – houve uma maior valorização e entendimento do caráter trabalhista do trabalho reprodutivo partindo das próprias ativistas. O objetivo passa a ser a articulação das necessidades de quem requer cuidado com as de quem os oferece mediante a ressignificação do sentido de "amor" enquanto sentimento materno natural, passando a ser visto como uma meta social de justiça. Para tanto, o movimento vem tentado se apropriar do valor social dado ao trabalho produtivo para demonstrar a importância do trabalho doméstico na organização do lar e do trabalho.

Nos próximos capítulos, será apresentada a pesquisa empírica realizada com trabalhadoras domésticas no estado do Rio de Janeiro. Por meio desses relatos, poderemos constatar como as teorias apresentadas até aqui se conformam com a realidade e como as vivências dessas trabalhadoras podem nos ajudar a compreender melhor alguns aspectos referentes às desigualdades de gênero, raça e classe. Pretendo, assim, elucidar a partir dos seus próprios discursos, não apenas o cotidiano de trabalho das trabalhadoras domésticas, mas como esse cotidiano reflete tais desigualdades.

CAPÍTULO 3

"MANDA QUEM PODE, OBEDECE QUEM TEM JUÍZO": DESIGUALDADES VIVENCIADAS

No presente capítulo, será tratado de forma empírica, a partir das entrevistas realizadas com as trabalhadoras domésticas no Rio de Janeiro, como se dão as relações desiguais que permeiam o cotidiano entre patrões e empregadas domésticas. Dessa forma, pretendo demonstrar de que modo a imbricação gênero, a raça e a classe pode construir e reproduzir relações que envolvem exploração, dominação, humilhação e servidão, a partir de um contraste social gerado pela delegação do serviço doméstico entre quem se encontra privilegiado por sua posição de classe e raça – pois, na maioria das vezes, empregadas e patroas compartilham do mesmo gênero – e aquelas mulheres que estão desprivilegiadas nesses e em outros quesitos, contraste que se faz muito nítido quando lançamos um olhar para a divisão sexual e racial do trabalho.

3.1. PERCURSOS METODOLÓGICOS

Gostaria de abrir este tópico com uma passagem de Bourdieu (1983) que considero muito significativa sobre o fazer metodológico do sociólogo:

> A particularidade do sociólogo é ter como objeto campos de lutas: não apenas o campo da luta de classes, mas o próprio campo das lutas científicas. E o sociólogo ocupa uma posição nestas lutas, primeiramente enquanto detentor de um certo capital, econômico e cultural, no campo das classes; em seguida, enquanto pesquisador dotado de um certo capital específico no campo da produção cultural e, mais precisamente, no subcampo da sociologia. Ele deve ter sempre isto em mente, para tentar dominar tudo aquilo que sua prática, aquilo que ele vê e o que não vê, aquilo que ele faz e o que não faz – por exemplo, os objetos que escolhe para estudar – deve à sua posição social (BOURDIEU, 1983, p. 3).

Segundo o autor, é apenas por causa do interesse do sociólogo em determinado objeto ou temática que se é capaz de produzir alguma verdade. Nenhum cientista social pode abdicar da sua subjetividade e se separar dela ao fazer, por exemplo, seu questionário de pesquisa, ou a gravação de uma entrevista. Sua pesquisa sofre recortes e toma caminhos que são determinados, também, por sua subjetividade, pois é a partir do indivíduo sociólogo detentor de determinados tipos de capital, individualidade e *habitus* que a pesquisa sobre outros indivíduos é realizada.

É nesse sentido que acredito ser o fazer sociológico, atrelado ao que sou, porém, sem assumir características militantes que definem e limitam previamente o que desejo ver em meu objeto, engessando-o nas categorias de "oprimido", "subalterno" e "explorado" sem garantir a este qualquer dimensão de agência social sobre sua condição dentro das possibilidades do seu contexto. Dentro de uma conjuntura social desigual e segregadora como a brasileira, que não deixa possibilidades amplas de escolha aos indivíduos, é preciso se atentar a "enredos, planos e esquemas altamente conscientes; metas, objetivos e ideais um pouco mais nebulosos; e, finalmente, desejos, vontades e necessidades que podem variar de profundamente encobertos a bastante conscientes" (ORTNER, 2006, p. 52). Portanto, não pretendo me limitar a fazer entrevistas e análises sociológicas procurando características preconcebidas sem a possibilidade do "não saber" sobre a realidade social do meu objeto de pesquisa.

Para cumprir os objetivos aqui propostos, considero de extrema importância uma imersão nas concepções e discursos das trabalhadoras domésticas de forma que a teoria e a empiria possam, de fato, andar juntas, sendo a primeira uma orientação para a segunda. Para tanto, optei pelas entrevistas em profundidade – entrevistas etnográficas –, justamente por me permitirem aproveitar ao máximo os discursos dessas trabalhadoras, pois "(...) a entrevista etnográfica tem como motor essa relação social particular que é a relação 'pesquisador/pesquisado'" (BEAUD & WEBER, 2007, p. 120). De modo que seja estabelecido o que Bourdieu chama de uma relação de "escuta ativa e metódica" (1997, p. 695) que está tão longe de uma entrevista sem intervenções quanto do dirigismo excessivo de um questionário. Essa postura associa uma disponibilidade total em relação à pessoa entrevistada, a submissão à singularidade de sua história particular e adoção (a partir de um mimetismo, mais ou menos controlado) de sua linguagem e entrada em seus pontos de vista, sentimentos e pensamentos, buscando, a partir disso, conhecer as condições objetivas comuns a toda uma categoria.

Optei pelas entrevistas em profundidade com um roteiro semiestruturado, por considerar a maneira mais viável, de acordo com as possibilidades que me foram dadas pelo objeto que escolhi. É preciso considerar que suas condições, relações e ambiente de trabalho não favoreceriam, por exemplo, a observação participante do cotidiano entre patrões e empregada, por obviamente se tratar de um ambiente familiar, de difícil acesso. Aliás, a presença de uma pesquisadora nesse ambiente poderia afetar as relações entre os habitantes da casa e a doméstica. Procuro, assim, focar-me nas relações de desigualdade presentes no cotidiano de trabalho, como isso se reflete no relacionamento com seus patrões e de que forma ocorrem. Tal apreensão se daria a partir do que as trabalhadoras domésticas dizem sobre essas relações.

O gravador foi utilizado nas entrevistas como elemento indispensável na busca das relações entre entrevistadora e entrevistadas. O uso do gravador é essencial ao alcance de outros elementos que não podem ser captados com entrevistas anotadas, como as pausas, os silêncios, os ruídos, risos, hesitações, variações no tom de voz e expressões sentimentais (QUEIROZ, 1991).

Porém, além das entrevistas que se caracterizam como uma técnica qualitativa, utilizo-me também de técnicas quantitativas,[26] as duas operando de forma complementar. Pois,

> as pesquisas quantitativas privilegiam a tentativa de obter uma mensuração precisa, que permita comparar a frequência dos fenômenos. As qualitativas, por sua vez, pretendem obter uma compreensão mais profunda do contexto da visão dos próprios atores para poder interpretar a realidade (CANO, 2012, p. 108-109).

Ademais, entendendo que o cientista social é também um indivíduo inserido em uma fatia específica da realidade social, sendo socializado de acordo com as normas nela existentes e que sua subjetividade e julgamento de valores estão sujeitas a ir além do seu interesse e engajamento pessoal sobre algum tema específico. Os métodos quantitativos tornam possíveis a fuga da individualidade do sociólogo, trazendo a pesquisa para um plano de objetividade que a pesquisa qualitativa por si só pode limitar o pesquisado nesse aspecto. Sendo assim, as técnicas quantitativas fornecem à minha análise sociológica a objetividade própria do conhecimento científico e garantem que a análise sobre o meu objeto de pesquisa não provém da minha "criatividade" (QUEIROZ, 2008).

Como opção pelas técnicas quantitativas em combinação com as qualitativas, não as escolhi com o objetivo de dar um caráter mais "científico" à pesquisa, assumindo uma postura que pode ser enquadrada nos moldes positivistas que tenta aproximar ao máximo as Ciências Humanas aos números e às Ciências Naturais para, assim, estar à sombra do seu *status*. Segundo Queiroz (2008), o qualitativo já

---

26 Seguindo o pensamento de Cano (2012), refiro-me a *técnicas* qualitativas e quantitativas justamente por uma postura de desconstrução da oposição e exclusão que o termo *método* causa, nesse caso. O método é mais abrangente e epistemológico, abarcando estratégias gerais de produção científica, enquanto as técnicas são mais específicas e concretas. A definição das abordagens quantitativas e qualitativas enquanto método serviu demasiadamente para que os pesquisadores tivessem que optar por uma ou por outra, uma relação de oposição, já que é inviável utilizar-se de mais de um método.

é a essência das Ciências Sociais e não só dela, mas de todas. O quantitativo não é um recurso necessário a todas as pesquisas na área de Ciências Humanas, como se apenas assim fosse possível garantir sua objetividade. Longe disso. Porém, as técnicas quantitativas são totalmente cabíveis no contexto desta pesquisa enquanto aquela que anda junto com as técnicas qualitativas, de forma a se complementarem para um melhor resultado e demonstração sociológica possíveis.

Foram entrevistadas dez trabalhadoras domésticas, cinco trabalhadoras mensalistas[27] e cinco diaristas entre 22 e 55 anos de idade. Das entrevistadas, apenas uma se autodeclarou branca, sendo oito negras e uma de origem nordestina que se autodeclarou parda. Tal fato não ocorreu pela escolha de excluir propositalmente trabalhadoras brancas, mas pela dificuldade de encontrá-las disponíveis para a entrevista. Isso nos diz algo acerca da sobrerrepresentação de mulheres negras no campo do trabalho doméstico remunerado do Rio de Janeiro.

As entrevistas foram realizadas parte em suas próprias casas, parte em outros lugares. Optei por deixar aos critérios de cada uma delas o local em que se sentissem mais à vontade para serem entrevistadas; apenas restringi a casa dos patrões, por acreditar que esse ambiente pudesse intimidar e constranger a desenvoltura das domésticas nas entrevistas, principalmente quando perguntadas sobre seus patrões e suas relações com eles e com a casa. Por opção de cinco das domésticas, as entrevistas foram realizadas em lugares que não são suas casas; uma realizada em minha própria casa; uma na casa da irmã de uma das domésticas; outra na casa da mãe de uma das domésticas que ficava na parte de baixo da sua própria; outra em um café no centro do Rio de Janeiro; e uma outra na casa da mãe de uma das entrevistadas, porém a mãe também é uma das domésticas presentes nesta pesquisa. Os nomes das trabalhadoras domésticas e demais pessoas que possam aparecer em seus enredos são, por opção da pesquisadora, fictícios, a fim de garantir uma maior proteção de suas identidades e vivências.

As perguntas semiestruturadas foram em direções diversas, desde perguntas sobre como se deu a entrada da entrevistada nesse tipo de emprego e como consegue/conseguiu sua contratação, passando pelo cotidiano de tarefas; o relacionamento com seus patrões e integrantes da casa; até

---

27 A lei 5.589 de 1972 considera o emprego doméstico "aquele que presta serviços de natureza contínua e de finalidade não lucrativa à pessoa ou à família, no âmbito residencial destas" (BRASIL. Lei 5.589, 1972).

perguntas diretas sobre racismo, humilhação, exploração e privação, bem como perguntas indiretas sobre esses assuntos e sobre possíveis casos de sexualização causada por algum tipo de abuso masculino (patrões); e finalizando com perguntas sobre a famosa "PEC das domésticas" e os impactos práticos que tiveram sobre a vida de cada uma delas. Algumas entrevistas ocorreram de forma tão desenvolta que foi, de fato, surpreendente. Outras se realizaram de modo mais arrastado. Outras foram mais constrangidas e retidas, porém nada inesperado para esta técnica de pesquisa que sempre nos reserva certa imprevisibilidade.

Quando estive na casa das domésticas tive tipos diferentes de recepção, desde aquelas acompanhadas de comes e bebes, até algumas que me recepcionaram na varanda, sem me convidarem para adentrar a casa. Um dos motivos alegados para tanto foi por considerarem a casa suja e desarrumada; sentiram-se receosas de me fazer o convite para entrar e frustrarem minhas expectativas em relação a como seria uma casa de uma trabalhadora doméstica que tem por atividade justamente limpar e organizar a casa de outras pessoas. Apesar de ter dito que não me importava e que não estava ali para julgar isso, o constrangimento permaneceu. Todas as casas visitadas se localizavam em bairros humildes, precários e afastados dos grandes centros. Visitei casas com melhor estrutura e também em situações bastante precárias. As marcas de gênero, classe e raça foram observadas também nessa experiência e estiveram sinalizadas em seus lares, que não foram alvo desta pesquisa, porém não tiveram como passar completamente despercebidos.

A surpresa foi um aspecto que esteve presente nas entrevistas. Muitos casos não apareceram a partir de perguntas diretas, mas da vontade das entrevistadas de "desabafarem", de exporem seu cotidiano, principalmente suas insatisfações. Como se fosse, naquele momento, a hora de dizerem o que para muitos não importa, as vivências daquelas que são, na maior parte do tempo, invisíveis, que praticam um tipo de trabalho que não vale nada. Os relatos me impactaram pela clareza e lucidez. Fica mais evidente, ao fim das entrevistas, o equívoco que seria supor que os sujeitos inferiorizados socialmente e em condição de subalternidade não estão suficientemente conscientes de suas próprias realidades.

As análises a seguir são resultado dessas entrevistas. O objetivo foi o de elucidar e trazer para o campo da empiria um pouco dessas mulheres trabalhadoras e suas perspectivas de si mesmas, dos seus patrões e do seu trabalho, e como vivenciam lidam com as desigualdades que as cercam e as atingem.

3.2. EMPREGO DOMÉSTICO: OPÇÃO OU IMPOSIÇÃO?

Apesar das especificidades, todas as trabalhadoras domésticas possuem características em comum em suas trajetórias, vivências e experiências com o trabalho doméstico remunerado, e é justamente isso que as caracteriza enquanto um grupo social. O mais alarmante no que se refere ao compartilhamento de uma mesma característica é o motivo da entrada no emprego doméstico: a carência de recursos materiais, a necessidade de sobrevivência, a busca pela independência financeira e, principalmente, a possibilidade de obtenção de renda, praticando um serviço "naturalmente feminino", que supostamente toda mulher está apta a desempenhar (HIRATA & KERGOAT, 2007).

Inês, uma trabalhadora doméstica negra de 47 anos, trabalha como mensalista de carteira assinada e possui em sua trajetória um fator incomum: é graduada em letras, mas ingressou no emprego doméstico antes de sua formação. Apesar de ter dado aula por um período como professora de português, voltou para o emprego doméstico. Inês nos fala como se dá, na grande maioria dos casos, a entrada nesta ocupação:

> (...) nós, mulheres, ou a gente se casava, encontrava alguém pra casar e ia viver uma vida de casa ou encontrava um meio de sobreviver, porque não tinha é... instrução pra ter um bom emprego. Eu vejo isso, a profissão de doméstica, por muito tempo, e até hoje, de certa forma, ainda é, é a opção praquela mulher que não estudou, só sobra... talvez por isso, grande parte das domésticas sejam negras, porque é uma profissão, eu até diria que durante muito tempo eu acreditei que doméstica não é uma profissão é uma... imposição! Que profissão você escolhe, profissão é aquela que você optou por ela, eu quero ser isso! Doméstica, não! Doméstica você, poxa! Eu não tenho estudo, eu não posso pagar faculdade, eu não tenho nada, preciso ganhar dinheiro e eu sei fazer serviço doméstico, então eu vou pra casa de alguém que pode pagar e eu vou trabalhar lá, vou fazer o serviço pra pessoa me pagar. A condição da doméstica ainda é essa, né! E a minha vida foi mais ou menos isso, foi assim que eu entrei no mercado de trabalho doméstico (INÊS).

Inês conceitua precisamente sobre o que significa para essas mulheres o emprego doméstico. Entre tantas formas de trabalho, não é uma opção, mas uma *imposição*; o que sobra. É de se ressaltar, na fala de Inês, os aspectos de gênero, raça e classe, que levam à inserção nessa profissão; ser uma mulher negra e pobre não deixa abertas muitas portas para a qualificação, profissionalização e acesso a bens culturais e materiais que possibilitem a escolha de uma profissão de acordo com as preferências do indivíduo. A entrada no emprego doméstico é dada pela necessidade e, principalmente, pela condição de gênero (ÁVILA, 2009). Não fosse assim, se fosse apenas pelas necessidades e carências materiais, apenas por questões de classe, haveria muitos homens negros e/ou pobres nesse tipo de emprego, o que não é o caso. Há, portanto, o peso dos papéis sociais que são generificados, e o da mulher se encaixa naquele que cuida, que mantém a casa e os seus integrantes, que reproduz a vida (HIRATA & KERGOAT, 2007).

Segundo Figueiredo (2011), a trabalhadora doméstica possui uma identidade construída pela negação. Em sua grande maioria, optam por esse caminho pela falta de estudos ou outra qualificação profissional. Segundo pesquisas realizadas pelo IBGE (2009), as trabalhadoras domésticas possuem em média 6,1 anos de escolaridade, enquanto o conjunto das mulheres com outras ocupações profissionais possuem, em média, 9,3 anos. A distância entre os níveis de escolaridade entre as trabalhadoras domésticas e as mulheres que possuem outras ocupações trabalhistas é um demonstrador de que para quem possui níveis escolares tão baixos não restam muitas opções que não sejam a exploração do trabalho manual ou a exploração de seus corpos. As trabalhadoras domésticas negras são as que possuem menor índice de escolaridade, sendo, em média, 6,0 anos, enquanto para as brancas são 6,4 anos.

A história de Luzia,[28] que ilustra muito bem o que o estudo e a qualificação profissional podem gerar em uma mulher que desempenha tal ocupação, mesmo que não saia do emprego doméstico para outras áreas profissionais que exijam melhor qualificação. Essas trabalhadoras, a partir da obtenção desses bens simbólicos, tornam-se mais críticas de sua própria situação, menos dependentes de seus patrões e acumulam possibilidades profissionais para além do emprego doméstico. Luzia fez curso técnico em enfermagem, a muito custo, durante o tempo que trabalhou como doméstica e sem nenhum apoio ou facilidade de seus patrões. Segundo ela:

> É porque se eu não tivesse determinado certas coisas ia continuar do mesmo jeito, e hoje, e de repente poderia até ser pior, né! Que a humilhação poderia ser pior! Por que? Quando eu comecei a falar assim: "não! Não quero mais ficar na casa dos outros!", aí é que investi mesmo! Eu trabalhava de segunda a segunda, aí trabalhava na área de enfermagem, juntava dinheiro, era assim, final de semana, final de semana e feriado, Carnaval,

---

28 Mulher negra, 52 anos, trabalhadora doméstica mensalista com carteira assinada. Acumula trinta anos de profissão trabalhando na mesma residência.

Natal, Ano Novo, eu aproveitava essas datas pra poder trabalhar e ganhar, eu ganhava muito mais, né! Ganhava muito mais! Aí eu comecei a investir nisso. Aí foi daí que eu investi. "Não! Eu vou fazer a minha casa!". Aí eu consegui construir uma casa pra mim e botei na minha cabeça: "não vou dormir mesmo na casa de ninguém! Quero minha liberdade! Quero ser igual a todo mundo que tem o seu direito de ir e vir, trabalhar e estudar! Ter uma vida normal, uma vida social, não ficar na casa dos outros direto, só vivendo a vida dos patrões!". Aí foi dessa forma que eu consegui, né! E passei a conversar com ela [patroa]! (LUZIA).

A emancipação, não do emprego doméstico, mas da dominação de uma patroa abusiva (segundo relatos da própria doméstica Luzia) veio com o estudo, por meio do aprendizado de uma nova profissão, a enfermagem. Tanto a emancipação pela possibilidade de adquirir bens, como a casa própria, quanto da dependência total do emprego doméstico. Esses fatores causaram em sua patroa o medo da insubmissão de Luzia. Esse medo chegou ao ponto de sua patroa fazer pequenas insinuações de demissão enquanto Luzia estava em processo de formação. Sua patroa insinuava que já que as crianças haviam crescido (Luzia cuidou dos filhos de sua patroa durante a infância deles), não precisava mais do serviço contínuo de uma mensalista. Essas ameaças só cessaram quando Luzia conseguiu um emprego de final de semana e feriados na área de enfermagem e sua patroa percebeu o perigo de ficar sem os serviços de uma empregada doméstica.

Assim como Inês e Luzia, que se formaram durante o tempo em que desempenhavam o trabalho doméstico remunerado, Miriam, também mulher negra, 55 anos, é diarista e formada em uma escola de ensino médio formadora de professores de ensino primário; é trabalhadora doméstica desde os 13 anos de idade; logo, formou-se professora primária quando já trabalhava como doméstica. Em suas palavras,

(...) eu trabalhava na creche, eu dava aula. Pô! Aí de repente fiquei desempregada, não consegui mais voltar porque era contrato, né! E a prefeitura aqui de Itaguaí, infelizmente, quando você perde um contrato dificilmente você volta. E, assim, pelo fato também do dinheiro, porque eu trabalhava de oito as cinco, eu ganhava mil e duzentos reais. Então, às vezes, até falo mesmo pras minhas colegas que trabalhavam junto comigo, falei: "gente, a gente ficar numa sala de aula de oito até as cinco, você aturar coordenador, aturar diretor, aturar pai de aluno, aturar um montão de coisas pra ganhar mil e duzentos reais?!". Porque eu na faxina, eu falo mesmo! Olha tem mês que se eu trabalhar mesmo, assim, o mês inteiro, sem faltar um dia dá pra eu tirar mais do que eu ganhava trabalhando, tudo bem, porque tinha os feriado, você fica em casa, que às vezes pegava três, quatro dias de feriado, mas em compensação, mas e o que você trás pra casa?! É plano de aula, que nem agora mesmo, se eu tivesse dando aula eu não ia tá aqui sentada agora, ia tá o que? Elaborando plano de aula, fazendo trabalho pra levar na segunda-feira. Então assim, eu, eu, assim, pelo dinheiro que eu ganho tudo bem, é um sacrifício, mas eu acho ainda que vale a pena, mas só assim, e... quem tem que dar valor ao serviço da gente é a gente, porque se você esperar o patrão te dar valor naquilo que você faz não vão dar nunca (MIRIAM).

É perceptível na fala de Miriam o quanto a renda conta em sua vida prática; apesar de ser professora em uma creche trazer a ela um *status* maior na sociedade – por ser uma profissão que exige alguma qualificação –, ainda assim diz que prefere trabalhar de diarista. Segundo ela, ser professora não lhe oferece uma relação compensatória no que se refere a quantidade de trabalho e o seu teor, especialmente sobre o salário, baixo se comparado ao salário de diarista, mesmo sendo um trabalho muito sacrificante corporalmente. Porém, parece-nos contraditório o discurso de Miriam com o fato de que só tenha se tornado diarista de forma integral por conta do seu contrato como professora do município ter acabado, e, como ela diz, a dificuldade de conseguir outro é grande. Diante disso, configura-nos que os motivos de se tornar diarista em tempo integral são maiores do que os benefícios práticos que a profissão gera, mas essa se torna uma das poucas opções diante das dificuldades e do desemprego.

Além do mais, o emprego doméstico tem algumas características consideradas benéficas que outros empregos não possuem. Um exemplo é a dependência construída entre patrões e empregadas. Uma empregada doméstica que já possui a confiança de seus patrões não é dispensada tão facilmente, justamente por estar inserida na casa e em contato com a família, participando do cotidiano do lar; não é a qualquer pessoa que se pode confiar tal tarefa despreocupadamente. Além disso, há favores de ambas as partes, na flexibilidade nos horários e na prática cotidiana do serviço, características que podem ser geradas por essa relação tão próxima e afetiva. Tais aspectos são próprios do trabalho doméstico e não estão presentes na maioria dos outros empregos.

Quando nos voltamos para tal assunto, referente aos estudos e à qualificação profissional, a tendência é nos apegarmos à ideia de que, a partir da obtenção desses bens simbólicos, seria automático o movimento de saída dessas mulheres do emprego doméstico para outras ocupações profissionais. Porém, a partir da história de Inês, Luzia e Miriam percebemos que esse movimento nem sempre acontece. No caso de Inês, que chegou a dar aulas de português em uma escola, ficou impossibilitada de ir ao emprego, por conta de um acidente que sofreu e, quando se recuperou, voltou ao emprego doméstico. Luzia conciliava os dois empregos: empregada doméstica regularizada, e, aos finais de semana e feriados, era cuidadora de idosos em sistema de plantonista. Miriam, como supracitado, expirado o contrato, que a garantia enquanto professora de uma creche, não conseguiu mais se restabelecer na profissão, passando a desempenhar apenas o trabalho de diarista, o que já fazia enquanto era professora, mas apenas aos finais de semana, feriados e em dias livres.

Dessa forma, se considerarmos que estamos falando de mulheres negras de classes baixas e que desde muito novas estiveram ativas enquanto empregadas domesticas, o que vemos é o que Damasceno (2000) afirma em seus estudos: as mulheres brancas, por conta de seus privilégios de cor/raça, deslizam com muito mais facilidade do emprego doméstico para outros tipos de empregos mais valorizados. Isso porque essas mulheres estão livres do racismo que engessa as negras em imagens relacionadas à servidão, à subserviência e à irracionalidade, além de naturalizá-las enquanto empregadas domésticas, seja esta sua profissão, ou não (HOOKS, 1995; GONZALEZ, 1994; XAVIER, 2012). Portanto, para essas mulheres negras o grau de escolaridade e a qualificação profissional angariados nem sempre se convertem em formas de empregos proporcionais a tais bens simbólicos.

A maioria das trabalhadoras domésticas entrevistadas não se via permanecendo na profissão até se aposentarem. O desejo predominante é conseguir sair do emprego doméstico, montar o próprio negócio, trabalhar de forma independente ou conseguir se graduar e ingressar em profissões mais valorizadas. O principal motivo é, sem dúvida, o desgaste físico gerado pela profissão. Tal reclamação aparece de forma mais presente dentre as diaristas. Segundo Ávila (2010), isso se dá devido aos dois tipos de trabalho doméstico realizados nos lares daquelas que contratam essas trabalhadoras: o trabalho antecipado e o trabalho retroativo. O primeiro se caracteriza por aquele que deve ser feito para suprir as necessidades vindouras dos moradores da casa enquanto a trabalhadora estiver ausente; o segundo é o trabalho que ficou acumulado enquanto a doméstica não estava e que deve ser posteriormente executado por ela. De qualquer forma, os dois tipos de trabalho são feitos tanto pelas mensalistas quanto pelas diaristas, porém de forma mais agravada para as diaristas, tornando seu trabalho muito mais pesado e cansativo.

Desse modo, vemos que, quando Inês se refere ao emprego doméstico não como opção, mas como uma *imposição*, ela faz uma leitura muito lúcida da sua própria realidade. Tal condição se apresenta como um demonstrativo da falácia que representa o discurso de democracia racial, conceito que passou a ser amplamente conhecido e reconhecido a partir de desdobramentos sobre a obra de Gilberto Freire (1933) na década de 1930,[29] passando a ser instituído como um mito fundador da identidade brasileira, enquanto um povo tolerante às diferentes raças, encarando tal diversidade de forma amistosa, igualitária e afetiva.

Segundo Paixão (2013), os danos do mito da democracia racial se estendem inegavelmente até os dias de hoje. Para o autor, as tradicionais hierarquias sociorraciais nunca foram colocadas em questão por Freyre, o que nos faz entender que a tal democracia racial só poderia se estabelecer garantindo relacionamentos amistosos e harmônicos, uma vez que um dos polos, o dos "racialmente inferiores", se submetesse a disparidade e inferioridade econômica, política e de prestígio social. As relações de intimidade, contato e diálogo só poderiam se manter no seio de uma sociedade amplamente desigual.

Segundo Guimarães, a democracia racial tem em seu núcleo racista não a inferioridade ancestral da raça negra e indígena, mas a justificativa para o lugar inferior e subalterno da raça negra, uma vez que:

> (…) foram três as "raças" fundadoras da nacionalidade, que aportaram diferentes contribuições, segundo as suas qualidades e seu potencial civilizatório. A cor das pessoas, assim como seus costumes são, portanto, índices do valor positivo ou negativo dessas "raças" (2009, p. 56).

Sendo assim, Gomes (2005) nos diz que a ideia que está implícita a essa suposta igualdade racial, construída por este mito, é de que há oportunidades e tratamentos iguais para todos; o que nega a discriminação racial no Brasil e perpetua estereótipos, preconceitos e discriminações sobre as raças negras e indígenas. Diante disso, se seguirmos a lógica instituída por este mito e concebermos que todos estão em plenas condições de igualda-

---

29 Este conceito não foi uma invenção de Freyre, o antropólogo pernambucano reelaborou de forma concisa a ideia, mas sofreu muitas influências de diversos autores, entre eles, o antropólogo alemão Franz Boas, sua grande inspiração, e o jurista sergipano Silvio Romero, segundo o qual se não fosse sua concepção sobre os índios e os negros como degenerados, poderíamos citar a obra de Freyre como apenas um aprofundamento da teoria de Romero. A ideia de democracia racial foi usada também por outros autores como Thales de Azevedo (1955) e Donald Pierson (1971[1942]). (GUIMARÃES, 2009; PAIXÃO, 2013).

de sociorracial, todos teriam as mesmas oportunidades de ascensão e sucesso financeiro. Então, se a maioria dos negros não alcança, o problema está com a maioria deles e nas suas essências supostamente degeneradas. Afinal, de acordo com esse raciocínio, já que alguns negros "diferentes" e "esforçados" conseguem, seria possível a todos conseguirem.

3.3. A HEREDITARIEDADE DO EMPREGO DOMÉSTICO

Levando em consideração que a situação social de subalternidade da população negra no Brasil não pode ser superada repentinamente e que temos a partir da atual, apenas três gerações de negros e negras livres da escravidão, o trabalho doméstico, tendo suas origens nesse período e sendo muito definido por ele, ainda é uma opção bastante viável e comum para as mulheres negras e/ou pobres deste país. Se as condições políticas, econômicas e sociais são desfavoráveis ao rompimento com tal "destino" que empurra essas mulheres para o trabalho servil, reprodutivo e manual, o que resta a elas é a perpetuação da subalternidade.

Foram entrevistadas quatro mulheres trabalhadoras domésticas que correspondem à mãe e filha: Lia[30] (mãe) e Carla[31] (filha); Miriam (mãe) e Melissa[32] (filha). As quatro possuem histórias diferentes, principalmente no que diz respeito às filhas. Lia possui o ensino médio completo, porém nenhuma qualificação; iniciou sua vida profissional há 14 anos, quando foi deixada pelo marido; antes disso dava conta apenas do trabalho reprodutivo da sua própria casa. Por conta dos filhos, viu-se obrigada a levantar alguma renda para garantir sua subsistência e a de seus dependentes.

Tamis: Me conta um pouco do seu histórico de trabalho como doméstica?

> Lia: Ah eu comecei a trabalhar porque o pai das crianças resolveu tirar uma mulher da vida, me deixou!
> Carla: Tem que falar isso mesmo?! – Interferência de Carla [também diarista], sua filha.
> Lia: Ué! Porque eu comecei a trabalhar! Porque até então eu era só do lar! Me deixou com três filhos, o menor com seis anos e simplesmente eu tive que ir à luta, né! Então a opção na época era o que? Ser diarista. Aí uma amiga me arrumou e aí eu comecei, entendeu?

---

30 Lia se autodeclara como mulher negra, 49 anos de idade, diarista.

31 Carla se autodeclara como parda, 24 anos de idade, diarista.

32 Melissa se autodeclara como negra, 22 anos de idade, diarista.

Na fala de Lia, observa-se que há uma culpabilização do ex-marido, pelo fato de "ser retirada" do cuidado com a sua própria casa para passar a cuidar da casa de outros. O valor que tinha por cuidar do trabalho reprodutivo do seu próprio lar passa a não ter mais, justamente por desempenhar essa tarefa no mundo público, por passar a exercê-lo como forma de subsistência (ROBERTS, 1995). Porque seu ex-marido decidiu amparar outra mulher, desamparou-a. Ele, então, aparece como o culpado pela sina do emprego doméstico em sua vida.

Sua filha, Carla, não completou o ensino básico, possui a 5ª série (atual sexto ano) incompleta. Carla também ingressou no emprego doméstico para garantir a subsistência dos filhos, pois seu esposo estava desempregado. Sua filha mais nova tinha acabado de nascer e assim que saiu do resguardo começou sua trajetória como diarista, que dura seis anos.

> Tamis: Me conta um pouco do seu histórico de trabalho como doméstica?
> Carla: Ai foi um pouco difícil! Porque, tipo assim... Eu comecei quando ela [filha mais nova] ainda era neném, eu tava saindo do resguardo e o meu esposo tava desempregado na época, então eu tava procurando alguma coisa pra ajudar ele. Como minha mãe faz salgado eu queria vender, mas não tinha como eu ir pra rua vender salgado porque ela mamava peito. Eu não poderia arrumar um serviço pra tomar conta de uma criança porque ela não pegava mamadeira, então eu tinha que fazer alguma coisa rápida e perto de casa.

É perceptível o quanto o trabalho doméstico remunerado é uma opção viável para as mulheres negras e/ou pobres de baixa renda que possuem filhos, principalmente, para as que desempenham esse serviço em sistema de diárias, graças à flexibilidade e autonomia para organizarem seu tempo e disponibilidade para o trabalho. No entanto, tais vantagens custam caro do ponto de vista dos direitos. As diaristas não estão incluídas na lei 5.589 de 1972 que considera o emprego doméstico "aquele que presta serviços de natureza contínua e de finalidade não lucrativa à pessoa ou à família, no âmbito residencial destas" (BRASIL. Lei 5.589, 1972). Sendo assim, encontram-se excluídas de qualquer direito trabalhista. A inserção das mulheres negras ou brancas e pobres, que não possuem qualificação profissional e ainda se encontram impedidas de se dedicarem exclusivamente ao trabalho, por conta dos filhos e da família, está submetida a ocupações localizadas geralmente no setor de serviços, que em sua grande maioria apresentam características de precarização (HIRATA & KERGOAT, 2007).

As mulheres das sociedades capitalistas ocidentais estão sujeitas a um contexto econômico, político e social que não é estruturado, a partir do princípio básico de que a maioria dos indivíduos possui família ou dependentes, pessoas que precisam cuidar e dedicar algum tempo. É considerado que esse papel é exclusivo da mulher, e, mesmo assim, não é dada a elas nenhuma estrutura básica para tornar o trabalho reprodutivo e o produtivo conciliáveis, quando a tarefa, na verdade, deveria ser igualmente partilhada entre homens e mulheres. Além disso, tratada a partir de políticas públicas promovidas pelo Estado e de uma mudança na concepção do mercado que atualmente concebe os trabalhadores enquanto indivíduos de dedicação exclusiva ao trabalho produtivo (BATTHYANÝ, 2015; CAMARO, 2010; GAMA, 2014; HIRATA & KERGOAT, 2007).

Miriam, como já foi citado, desde a pré-adolescência teve sua vida marcada pelo emprego doméstico; conseguiu se qualificar como professora primária, mas nunca deixou o serviço doméstico para trás; conciliava os dois empregos, um sempre tendo mais importância e consumindo mais tempo do que o outro. Ingressou nessa profissão por conta da necessidade, assim como é comum entre as trabalhadoras doméstica. Porém, segundo ela, nunca quis que sua filha, Melissa, fosse empregada doméstica, não como principal profissão, pelo menos. Melissa cursa os últimos períodos de Ciências Sociais na Universidade Federal Rural do Rio de Janeiro (UFRRJ), e sempre foi incentivada pela mãe a se graduar, ainda que desde os seis anos de idade Melissa a ajuda com o trabalho de diarista.

Melissa concilia a universidade e o trabalho como diarista. Ela diz que não tem obrigações muito rígidas em acompanhar sua mãe todas as vezes que vai fazer alguma faxina. Em épocas de estudos mais intensos, como as de provas, por exemplo, é liberada dessa ajuda. Apesar de não receber nenhum salário pelo serviço e encará-lo apenas como uma "ajuda" a sua mãe e não, de fato, como um trabalho, Melissa relata que algumas vezes os contratantes dão a ela alguma gratificação a mais. Ela dá a impressão de ser pouca coisa pois esse dinheiro das gratificações não aparenta fazer muita diferença na renda familiar. Então, se não fosse acompanhar sua mãe nas faxinas, a renda familiar seria praticamente a mesma, pois sua mãe as faria sozinha. Mas, além das questões de laços familiares e questões afetivas, parece ser uma dívida moral ajudar sua mãe; é uma questão de valores não deixar que carregue sozinha o peso de fazer tantas faxinas.

> Tamis: Como foi o seu histórico de ajuda com sua mãe no emprego doméstico? Como isso começou? Como foi de lá até aqui?
> Melissa: Ah, sei lá, acho que é uma coisa meio que tão natural da minha vida que, tipo, eu até falei com a minha mãe que, tipo, no dia que parar de ter isso a gente vai até achar estranho, porque já tá tão acostumada a fazer isso (...).

A partir da fala de Melissa, o que vemos é a naturalização do emprego doméstico, não só em sua própria vida, mas também na de Miriam. Como se esse trabalho passasse a fazer, de alguma forma, parte da essência das duas, sendo a primeira opção, o escape quando a situação financeira não está boa ou mesmo quando outros planos profissionais não dão certo. Melissa sempre se refere a "nós", "a gente", quando fala de sua trajetória ajudando sua mãe nas faxinas. É questionável se Melissa se vê como uma diarista ou apenas uma extensão de sua mãe, Miriam, sendo esta, sim, uma diarista.

> Tamis: Você se vê como empregada doméstica até se aposentar ou esse é um trabalho passageiro?
> Melissa: Eu pretendo não continuar, e também, porque, por mais que seja um emprego honesto, né! Se você tá trabalhando você não tá fazendo nada de errado, mas acho que é um trabalho que te sacrifica demais, porque é um desgaste físico e acho que você continuar trabalhando com isso pro resto da vida é meio complicado, mas claro que se você me perguntar, hoje, parece que, de certa forma, por mais que eu esteja estudando e tal, a gente precisa muito desse emprego, pra eu também continuar estudando. Então tipo assim, eu não vou dizer, eu, no meu futuro, eu não almejo continuar trabalhando, claro que não! Mas, é, tipo, ele é um serviço que eu preciso dele porque também se não fosse por ele eu não estaria nem estudando, porque se eu não estivesse, tipo, minha mãe trabalhando com isso ou eu também ajudando ela, tipo, a gente não ia ter uma renda na nossa família e eu também não ia tá estudando (...), mas ao mesmo tempo que eu falo que eu não almejo, é uma realidade que tá aí, né! Porque se você não vai ter um... de certa forma um... eu não tenho emprego fixo e claro que quando eu me formar eu vou tentar correr atrás, mas até eu conseguir é uma forma de continuar a ter uma renda, né. Que é isso que a gente, às vezes, tá conseguindo hoje, né.

O emprego doméstico é um meio que possibilita a continuidade dos estudos, um trabalho flexível que se apresenta para Melissa em forma de ajuda. Ela ajuda sua mãe nas faxinas tão desgastantes, como forma de compartilhar com ela o desgaste gerado pelo trabalho, que paga as despesas dos seus estudos e as suas despesas individuais, pois mora na mesma casa que sua mãe. Melissa não pretende continuar desempenhando esse serviço durante toda sua vida, mas ainda o considera diante da falta de oportunidades profissionais em sua área, Ciências Sociais. Para quem vem das classes mais baixas, o trabalho subalterno e precarizado se apresenta como uma sombra. Está sempre ao derredor e é a opção mais dolorida diante das frustrações profissionais de indivíduos que possuem alguma qualificação. Quando se trata de mulheres negras, o emprego doméstico aparece como um fantasma. A empregada doméstica é a face do fracasso dessas mulheres, aquela que se tornarão caso não tenham outras opções por falta de estudo e qualificação, ou por falta de oportunidades profissionais.

As diferenças entre Lia e Carla, Miriam e Melissa se apresentam principalmente entre as filhas. Enquanto Carla possui grau de escolaridade bem abaixo do que o de sua mãe, Melissa conseguiu ingressar em uma graduação, apresentando grau de escolaridade e qualificação profissional acima do de sua mãe.[33] O fato de Miriam ser professora primária pode ter influenciado muito o processo de construção educacional de Melissa. Lia não possui qualificação profissional, mas, além de trabalhar como diarista, ainda trabalha integrando uma equipe organizadora de *buffets* de festas e deseja ter seu próprio *buffet*, saindo assim, do emprego doméstico. Como sua mãe, Carla deseja ter seu próprio negócio, mas produzindo quentinhas para vender e com isso desvencilhar-se do emprego doméstico.

Enquanto Carla está indo na contramão das tendências demográficas geracionais para a categoria, Melissa as reafirma. Segundo o Departamento Intersindical de Estatística e Estudos Socioeconômicos (DIEESE, 2013), em 2011 foi constatado que está havendo uma redução das mulheres mais jovens na categoria. Na faixa etária entre 18 e 24 anos, houve uma redução de 18,6% em 2004 para 9,3% em 2011. Tal mudança estaria relacionada ao aumento da escolarização; essas jovens estariam, então, conseguindo alcançar maiores patamares de qualificação profissional, possuindo maiores probabilidades de ocuparem empregos com melhores remunerações e mais formalizados do que o emprego doméstico.

---

33 Segundo dados do DIEESE (2013), no Brasil, em 2011, as trabalhadoras domésticas que conseguiram completar o ensino médio na faixa etária entre 18 e 24 anos (faixa etária de Carla e Melissa) está em 32,4%, enquanto aquelas que estão na faixa etária de 40 até 49 anos (faixa etária de Lia) são de 16,8%. E as que se encontram entre os 50 e os 59 anos (faixa etária de Miriam), 10%. Já entre as trabalhadoras domésticas que possuem ensino superior completo a faixa etária entre 18 e 24 anos (faixa etária de Melissa) está em 0,0%, mostrando que o caso de Melissa é de fato uma exceção.

É uma tendência geral o aumento na escolarização das mulheres jovens brasileiras, que apresentam mais anos de escolarização dentre todas as faixas etárias, entre homens e mulheres.[34] Não sabemos se Melissa no final das contas sairá do emprego doméstico a partir da sua formação como cientista social. Ela está prestes a se formar, aos 22 anos de idade. Assim como não sabemos se Carla montará seu próprio negócio produzindo quentinhas e sairá do emprego doméstico, ou se essas farão isso por outros meios. Porém, a questão aqui é a influência do emprego doméstico na vida de mulheres negras; o quanto essa ocupação tem potencialidade de ser passada de geração em geração, não nos mesmos moldes que os indivíduos de classes médias e altas transferem seus bens simbólicos e materiais aos seus dependentes, o que consequentemente tende a conduzi-los para profissões qualificadas e mais reconhecidas socialmente. A herança deixada por essas mulheres em condições de pauperização é a de precariedade e subalternidade, graças às condições sociais não favoráveis à sua ascensão.

3.4. O DESVALOR DO TRABALHO DOMÉSTICO EXPLORADO

É sabido que o desvalor conferido ao trabalho doméstico está relacionado diretamente com os sujeitos que o praticaram desde sua origem colonial até os dias de hoje, não apresentando um grande rompimento nesse sentido. Mulheres negras e mulheres pobres, em geral, são os sujeitos que fazem acontecer o trabalho reprodutivo nas suas próprias casas e nas casas das famílias de classes médias e altas. Um trabalho que hierarquicamente ocupa uma posição tão baixa justamente pelo seu teor e por quem são seus sujeitos. Diante disso, a desvalorização salarial – reclamação de quase todas as entrevistadas – reflete a própria desvalorização da trabalhadora e do trabalho. Além de mal remunerado, o trabalho doméstico ainda é desacreditado enquanto tal, de modo que são comuns relatos de extrema desconsideração com o trabalho realizado. Judite, mulher negra, 43 anos, mensalista de carteira assinada, fala-nos de forma muito significativa sobre o desvalor da profissão.

---

34 De acordo com o IBGE (2016), enquanto em 2004 as mulheres entre 20 e 24 anos contavam com uma média de anos de escolaridade de 9,9, em 2014, estas se encontravam com uma média de 10,5 anos. No ano de 2014 esta é a faixa etária que junto com a faixa etária de 25 a 29 anos, também com 10,5 anos de estudos em média, possuem com os maiores índices de escolarização, maiores não apenas entre as mulheres, mas também entre os homens.

> (...) Muitas das vezes, uma calça jeans, uma blusa vale mais do que você faz, né! Um calçado vale mais do que você faz. Do que a pessoa chegar e encontrara casa limpinha, cheirosinha, tudo arrumadinho, né! Às vezes um objeto vale mais do que o que você faz (JUDITE).

Chama a atenção, na fala de Judite, o que Karl Marx ([1867] 1978) chama de "valor de uso". Judite compara o valor relacionado ao seu trabalho ao de produtos que foram materializados mediante outros tipos de trabalho: calças jeans, blusas, sapatos. Se por valor de uso temos a *utilidade* de alguma coisa material fruto de um trabalho, torna-se mais complexo discutirmos o trabalho doméstico que gera algo que não pode se materializar. Porém, Judite compara o seu trabalho imaterial e o valor deste ao valor de outras coisas materiais com o objetivo de equiparar o valor de uso do seu trabalho ao de qualquer outro.

Todas as domésticas entrevistadas deixaram transparecer em suas falas, em algum momento, a desvalorização da sua profissão e o quanto se sentem atingidas por isso. Tal fato se agrava quando nos damos conta de que o cotidiano de trabalho entre patrões – os agentes mais diretos de desvalorização – e as empregadas os obriga a viver um relacionamento de proximidade e afetividade quase que inevitáveis, principalmente, entre as mensalistas. Muitas vezes, tal proximidade culmina em tensões geradas pela posição de poder e privilégio dos patrões, os quais acabam manifestando desconsideração com o trabalho já realizado, até mesmo de forma proposital, para manter a doméstica sob constante lembrança de que é apenas uma empregada e que deve estar sempre disponível. É o que vemos na fala de Inês:

> (...) eu não gostava de limpar banheiro. Era uma coisa que fazia eu me sentir mal. Porque eu achava que era uma tarefa que, além de ser um serviço... não que eu achasse um serviço humilhante, mas é que eu achava que não havia necessidade, de, por exemplo, ela [patroa] era uma pessoa que ela sujava de mais. Ela era o tipo da pessoa que sujava pro empregado ter o que limpar, então era uma coisa que eu não gostava de fazer porque eu me sentia diminuída por causa da situação. De saber que ela estava fazendo para me colocar numa posição de... pra provar, pra mostrar que aqui "quem manda sou eu!", e como muitas vezes ela me disse claramente isso: "manda quem pode e obedece quem tem juízo!" (INÊS).

Aspectos relacionados à servidão acompanham a desvalorização e exploração do trabalho das domésticas. A desvalorização do trabalho muitas vezes é usada pelos patrões e integrantes da casa para mostrar para suas domésticas quem elas são e o que representam naquele espaço. E, acima de tudo, quem eles são em contraste com elas e a figura de poder que representam.

O trabalho reprodutivo tem a repetição como uma de suas mais fortes características, o que muitas vezes é um grande motivo pelo qual se torna enfadonho realizá-lo. Segundo Maria Betânia Ávila (2009):

> Os tempos de trabalho doméstico, remunerado e não remunerado, para atender aos requerimentos da sustentação e reprodução da vida humana, vão solapando o sentido da vida cotidiana como um tempo de criação e desenvolvimento pessoal e restringindo esse sentido a uma repetição diária de um trabalho alienado (ÁVILA, 2009, p.297).

Quando perguntada sobre quais as desvantagens em ser trabalhadora doméstica, Lia cita a questão do trabalho repetitivo. Ela tem experiência nas duas modalidades de trabalho doméstico remunerado – mensalista e diarista – e aborda esse fator como desvantagem, principalmente no que se refere ao fazer doméstico da diarista.

> (...) a desvantagem é que você trabalha muito mais e todo dia você faz um serviço repetitivo, né. Porque se você limpa uma geladeira hoje você limpa amanhã e depois de amanhã e assim vai. E de ser uma trabalhadora doméstica no dia a dia, como empregada doméstica fixa a vantagem é que você consegue dividir melhor o trabalho e não se torna tão cansativo, entendeu? Só essa a diferença (LIA).

São comuns os relatos referentes à banalização do trabalho realizado pelas domésticas, principalmente sobre a manutenção do trabalho já feito. Segundo as domésticas, ter de fazer a mesma tarefa repetidas vezes ao dia ou repeti-las sem que julguem necessário por conta do descuido dos habitantes da casa por exemplo, ao sujar o que já foi limpo e não limparem eles mesmos, desarrumar o que já foi arrumado e, simplesmente, não arrumarem. Isso se torna um dos aspectos de maior demonstração de desvalorização do seu trabalho.

> Assim... eu gosto do que eu faço! Eu gosto do que eu faço, e o ruim é que a gente faz e a pessoa, fez! Tanto fez! Bagunça! Acha que a gente tem que fazer de novo, tipo assim, entendeu? Aí eu não gosto! (JUDITE).

Para as domésticas, a desvalorização do trabalho é perceptível principalmente quando este aparenta se tornar invisível, como se ninguém percebesse, elogiasse ou comentasse sobre o trabalho já feito. Percebem a falta de respeito com o seu trabalho quando é desconsiderado como algo que depende de esforço, tempo, conhecimento e habilidade prática e que, como fator importante, é merecedor de uma remuneração justa.

Logo, se o trabalho doméstico já é repetitivo em sua essência, apesar dos descuidos ou a desconsideração do trabalho já feito, para as domésticas, terem em seus patrões agentes dificultadores para o desempenho do seu serviço de forma otimizada se torna um grande fator de insatisfação. Luzia fala sobre tal insatisfação em relação ao comportamento dos patrões a ponto de fazer uma reclamação direta com eles, em tom de repreensão, mostrando, inclusive, seu poder de agência em mudar a situação por meio do diálogo:

> Uma vez eu chamei a atenção deles, que a casa não é minha! Então o que eu faço eu faço com prazer, estou sendo paga pra isso, mas eu não tenho que ficar atrás corrigindo os erros deles não. Porque eu limpo, então porque tem empregada eles têm que sujar?! Eu não vejo dessa forma! "Vocês têm que conservar e ficar agradecidos e não sujar também sem necessidade.". Né?! "Ah porque tem empregada então eu vou sujar!", "é pior pra vocês! Porque eu também posso ver dessa forma: se eu já passei ali, sujou, vai ficar ali! Só vou limpar no dia seguinte!". Não vou lá e vou ficar limpando?! Eu tenho outras coisas pra fazer! Agora eles começaram a vigiar mais isso (LUZIA).

A questão da agência perante a toda desvalorização direcionada a essas trabalhadoras se fez presente em alguns momentos de entrevista. Nesta pesquisa, estamos lidando com trabalhadoras que não estão organizadas politicamente, nem em sindicatos e nem em movimentos de mulheres ou do movimento negro. Sendo assim, as formas de suavizar as opressões vivenciadas em seus ambientes de trabalho se dão muito a partir das ações cotidianas de subversão e, principalmente, como foi observado nos casos analisados, a partir do diálogo, seja ele confrontador ou amigável. Tais ações não transformam as estruturas de desigualdade que envolvem o trabalho doméstico remunerado; são, porém, instrumentos legítimos usados por tais trabalhadoras, considerando suas atuais condições sociais e empregatícias (SCOTT, 1985 apud ÁVILA, 2009; BRITES, 2000).

> O quarto era tipo assim, o quarto da bagunça! Botou uma cama lá e acabou! Eu reclamava muito em relação a isso! Poxa é um absurdo não ter uma televisão, não ter um quarto descente, sem bagunça. Né porque a gente é empregada que vai ficar dormindo na bagunça de sujeira, de aspirador de pó, de cheiro de vassoura, né?! Aí ela ficava... não gostava muito. Mas eu mostrava que a gente também tinha o mesmo direito que eles. "Ah isso aqui é pra botar não sei aonde, bota lá no quarto lá onde a Luzia...", "não! Não quero! Bota lá no quarto de vocês!". Eu batia muito na tecla em relação a isso! (LUZIA).

Luzia é um exemplo representativo do que o diálogo e as reclamações para com os patrões podem gerar, mudanças qualitativas em seu cotidiano de trabalho doméstico. Ela relata um antes e depois em sua trajetória laboral na casa onde trabalhou a maior parte de sua vida. O antes caracterizado pela infância dos filhos dos patrões em sua juventude, e o depois caracterizado pela independência desses em fase mais madura, quando se formou como técnica de enfermagem e passou a não mais tolerar o comportamento muitas vezes abusivo, sobretudo de sua patroa.

Já as diaristas têm como estratégia de agência um fator muito característico: a autonomia. Apesar da informalidade e desvinculo empregatício, a autonomia de poder escolher as faxinas que irão atender, seus horários e dias de trabalho representam, segundo elas, vantagens e uma forma de defesa das situações de humilhação e desvalorização do seu trabalho. Se não se sentem valorizadas com determinado empregador, têm a opção de não voltarem mais a trabalhar para ele, o que não acontece com as mensalistas. Segundo o DIEESE (2013), o número de diarista aumentou consideravelmente, passando de 21,4% no ano de 2004 para 30,6% em 2011. De acordo com Pinheiro, Fontoura e Pedrosa (2011), um dos motivos para o aumento é a valorização em termos de remuneração e reconhecimento e a autonomia conferida a essa modalidade de trabalho doméstico remunerado.

> Teve uma situação que eu fui na casa de uma menina e às vezes a Melissa [filha e ajudante] dizia assim pra mim: "Mãe, vem cá! Você faz faxina sim, mas certas coisas você não é obrigada a passar, não!". Que a gente chegava lá na casa da mulher, sem mentira nenhuma, cara, tava aquele cesto de papel higiênico transbordando, caindo no chão! Eu falei: "ai gente!". Quando eu chegava e via isso eu dizia: "Melissa que mulher porca é essa, cara?! Gente, eu não acredito que uma pessoa sabe que vai chegar uma faxineira ou vai chegar uma pessoa e vai deixar a casa assim pra gente fazer!". Aí a primeira vez eu fui lá, tirei e não esquentei. A segunda ainda eu tirei e não esquentei. Aí na terceira eu falei: "quer saber de uma coisa? Não vou fazer isso mais não! Vou largar a faxina!". Aí peguei e larguei! Aí volta e meia ela fica assim, liga pra mim e diz assim: "Poxa Miriam, quebra o galho, volta. Eu te aumento, te dou um dinheirinho a mais.", eu falei: "não, não quero, não! Não tem vaga, não." (MIRIAM).

Assim como na fala de Inês e de Miriam, foi observado que é comum o sentimento de humilhação em relação a ter de limpar o banheiro dos patrões. No caso de Carla, ela relata que o banheiro é o cômodo da casa que menos gosta de limpar – Melissa, num caso extremo, não limpa banheiros, quando ajuda Miriam nas faxinas. Esta tarefa é deixada exclusivamente para mãe, primeiro por não se achar capaz de fazê-lo de forma que considere bem feito, e segundo pela aversão em limpar um banheiro que não seja o de sua casa. Lavar o banheiro de uma casa que não é a sua, o banheiro de alguém que é superior, parece ter um significado negativo muito forte entre as domésticas, principalmente quando os patrões acabam por sujar, excessivamente e de forma proposital, como forma de demonstração de poder, como é o caso de Inês e sua patroa, ou até mesmo de forma relapsa; um descuido despretensioso, mas que também produz efeitos negativos. Ser aquela que limpa excrementos, coisas tão desprezadas e enojadas socialmente – o que faz do banheiro um lugar impuro –, tem significado humilhante, o que se agrava quando os patrões mantêm suas "impurezas" expostas, desorganizadas ou sem tratamento, despreocupadamente ou pretensiosamente.

Outro aspecto que demonstra a desvalorização e a exploração do trabalho doméstico remunerado, percebido a partir das entrevistas, é a prática de serviços que não condizem com os de uma trabalhadora doméstica. Assim como foi constatado também por Ávila, "parece-me que esses casos revelam como no emprego doméstico há uma relação que implica a disponibilização do seu tempo de trabalho para qualquer tarefa que a patroa julgue necessária, mesmo quando alheia às tarefas convencionais desse trabalho." (2009, p. 199). Tal prática foi encontrada nos relatos de vivências laborais de quase todas as domésticas entrevistadas, mas dois casos chamam bastante atenção, o de Beatriz[35] e o de Miriam. Chamam a atenção porque além de desempenharem trabalhos que não cabem a uma empregada doméstica, esses são de origem lucrativa – o que, inclusive, vai de encontro com a definição da lei 5.589/1972 sobre o que seria um trabalhador doméstico – pois estas contribuem para a geração de renda de suas patroas.

Beatriz, além de fazer o serviço de manutenção do cotidiano de trabalho reprodutivo do lar, ainda desempenha outra função: serviçal dos negócios de venda de filhotes de cachorro de sua patroa. Sendo assim, auxilia na alimentação, limpeza do local, onde ficam os cachorros, além do banho e toda rotina de cuidados com os cães. O canil fica na casa de sua patroa, portanto, não foi estabelecido uma separação do que é o serviço doméstico propriamente dito e o que não é. Beatriz ganha um salário de apenas mil reais por todo esse trabalho. Quando

---

[35] A única trabalhadora doméstica a se autodeclarar branca, 37 anos de idade, mensalista.

algum filhote é vendido, ela ganha alguma comissão, porém, não deu muitos detalhes sobre quanto é essa comissão. Não parece ser muito, pois no decorrer da entrevista fez reclamações sobre o quanto é mal remunerada.

Já Miriam trabalha em uma casa onde além de fazer as tarefas cotidianas de manutenção doméstica ainda é acionada por sua patroa para a limpeza das quitinetes da qual é dona e aluga para terceiros. Sendo assim, além de uma funcionária da casa, é ainda uma funcionária nos negócios de aluguel de casas de sua patroa.

Os dois casos apresentados têm uma coisa em comum: os laços afetivos com suas contratantes. No caso de Beatriz, sua patroa é sua ex-cunhada. No contexto de Miriam, sua comadre, que aliás tornou-se assim justamente pela consideração que Miriam teria por ela; por ter sido alguém que muito a ajudou durante a vida, apesar de no presente sustentar com ela um relacionamento de muito conflito e tensão. Segundo Brites (2000), as afetividades entre domésticas e patroas muitas vezes são acionadas como pontes para caminhos de exploração, pois é a partir desses sentimentos e emoções que envolvem gratidão, admiração e intimidade que são geradas brechas para que as patroas acabem se excedendo nas exigências sobre o teor, o tipo e a quantidade de trabalho desempenhado pelas domésticas.

Para além desses casos, vemos alguns outros em que diaristas e mensalistas têm de desempenhar trabalhos que não as competem. Júlia[36] relata a pressão que seus patrões exercem sobre ela para que faça trabalhos que não foram de antemão acordados entre as partes, tais como: passar roupas, limpar guarda-roupas, cozinhar e limpar as vidraças, por exemplo. Segundo ela, esses não seriam atividades para uma diarista. Júlia, porém, acaba cedendo à pressão, com medo de perder a oportunidade de trabalhar na casa, por conta das constantes comparações que seus patrões fazem entre o seu trabalho e o de outras diaristas como estratégia de exploração.

> (…) tem muito patrão explorador. Que acha que você é diarista, você tem que chegar numa casa e, tipo assim, ah sabe que eu vou trabalhar amanhã, aí suja toda louça e deixa lá porque sabe que eu vou, entendeu? Então às vezes eles te exploram. Por exemplo, assim, eu não… minha obrigatoriedade, eu passo roupa porque eu quero, que se eu quisesse eu não podia passar que eu não sou passadeira! Mas tipo assim, eles empurram,

---

[36] Se autodeclara como parda, de origem nordestina, 29 anos de idade, diarista.

aí eu falo "oh eu não vou passar roupa!", aí eles falam: "ah! Mas só um pouquinho!". Aí cada vez que você vai chegando lá aquele pouquinho vai aumentando, aumentando, quando você vê você passa metade do dia passando roupa. Então a desvantagem é essa que as pessoas, os patrões não têm consciência que você é uma diarista e que diarista é só pra fazer a faxina da casa, diarista não faz comida, diarista não lava nem passa, mas eles exploram! Bastante! (JÚLIA).

Foi constatado que, entre as trabalhadoras domésticas, é concebido como exploração, a capacidade dos patrões em pedir que façam coisas que estão para além do combinado, sem acrescentar-lhes nenhum pagamento a mais por isso. Além do mais, principalmente entre as diaristas, a completa delegação dos serviços domésticos cotidianos também representa um forte sinal de exploração. Ser cobrado delas que façam serviços simples que na maioria das vezes são aqueles necessários à manutenção do trabalho que já realizaram em uma ida anterior, o "serviço acumulado", também é interpretado como exploratório. Um exemplo que foi citado é terem que lavar a louça suja de outros dias, pois é concebido que a responsabilidade delas é de executar o serviço do dia em que estão trabalhando e não louça suja de dias anteriores. A sua diária ou roupas sujas espalhadas pela casa também de dias anteriores, por exemplo, podem ser considerados como serviços que fogem ao combinado, portanto, exploratórios. Porém, mesmo aqueles serviços que foram previamente combinados, se forem considerados muito extenuantes em seu teor e quantidade, podem ser considerados como exploratórios também, porém aceitos por conta da necessidade, fator muito considerado entre as domésticas. Quanto maior a necessidade de garantir sua subsistência e a de seus dependentes e quanto menores as possibilidades de emprego, mais estas acabam aceitando trabalhos tidos como exploratórios.

Entre as mensalistas, o cuidado com os membros da casa é algo que muitas vezes passa a fazer parte das suas responsabilidades. Inês se viu no papel de cuidadora de sua patroa quando esta ficou muito doente por conta de um câncer. Inês é formada como cuidadora de idosos e, mesmo desempenhando a função, não ganhou nada a mais por isso. Há ainda muito em comum entre as mensalistas, como o dever de cuidar dos filhos dos patrões, assim como uma babá. Luzia cuidou dos filhos dos seus patrões da sua infância até a adolescência, inclusive conta que eles são mais afeitos a ela do que à própria mãe e ao pai que estavam sempre trabalhando ou viajando a trabalho. Já Judite, quando foi contratada, seus patrões deixaram claro que a filha pré-adolescente do casal precisava de uma "atençãozinha especial". Judite dorme no quarto da menina e cuida de toda rotina dela, inclusive tem de levá-la e buscá-la na escola e nos cursos. As trabalhadoras domésticas passam a ser incumbidas do trabalho referente ao cuidado nas casas daquelas mulheres privilegiadas que não dispõe mais de tempo para realizar esta tarefa ou que apenas não querem realizá-la. Boris (2014) afirma que o trabalho de *care* diferencia-se do trabalho doméstico (aquele que a priori deveria ser direcionado às trabalhadoras domésticas), apesar da linha que os separa ser muito frágil, uma vez que o trabalho de *care* envolve o cuidado com outrem. Segundo a autora sua definição para tal trabalho baseia-se nas:

> (...) atividades que se voltam para as necessidades físicas, intelectuais, afetivas e para outras demandas emocionais de cônjuges, filhos e pessoas idosas, doentes ou com deficiências. Isso inclui tarefas da vida cotidiana, abarcando a manutenção da casa (cozinhar, limpar, lavar e mesmo fazer compras) e a existência pessoal (dar banho, alimentar, acompanhar, transportar). A produção sexo-afetiva pode ser parte do *care*. Ela não precisa ser heterossexual ou homonormativa. Esse trabalho requer, conforme sustentam teóricas feministas das mais diversas disciplinas, "cuidar de" (*caring for*) à medida que "se tem cuidado com" / "se importa com" (*caring about*). Tratar do ambiente do lar ou do corpo é cuidar de (*care for*), mas também, talvez, ter cuidado com/importar-se com (*care about*) (BORIS, 2014, p.103).

Diante dessa linha tênue entre o que cabe à doméstica e o que cabe a outras profissionais especializadas ou, no caso, à própria mulher "dona da casa", segundo os papeis sociais impostos, a exploração do trabalho dessas mulheres envolve a fusão de tipos diferentes de trabalhos. Tal fator, no entanto, pode ser lido de forma mais complexa. O trabalho doméstico oriundo da escravidão carrega sobre si os estereótipos já citados que estão sobre as mulheres negras. Mas não apenas as mulheres negras estão sujeitas às imagens fixas de servidão, submissão, abnegação e irracionalidade - é claro que estas sofrem o impacto com muito mais força e intensidade, pois tais estereótipos são direcionados a elas; não apenas pelo seu gênero, mas principalmente pela sua raça. Porém, o trabalho que foi "amaldiçoado" por elas também sofre com tais características. Assim como as mulheres negras são vistas como empregadas domésticas, sendo essa sua profissão ou não, o trabalho doméstico sofre com as características racistas e machistas as quais o imaginário social fixou sobre as imagens e essencialismos distorcidos das mulheres negras.

Dessa forma, recai sobre a essência do trabalho doméstico, principalmente em países que sofreram com a escravidão colonial, características de servidão, submissão, abnegação e irracionalidade que fazem com que qualquer trabalho de origem reprodutiva, e que seja socialmente desvalorizado, possa estar nas mãos das trabalhadoras domésticas. São especificados aqui os trabalhos socialmente desvalorizados porque, como já foi mencionado no capítulo anterior, para Roberts (1997), mesmo que tais trabalhadoras exerçam o trabalho de *care* que possa se incluir no trabalho espiritual (*spiritual work*), que possui algum valor social – como cuidar dos filhos de sua patroa, por exemplo –, essas, mesmo assim, estão praticando o trabalho subalterno (*menial work*), porque não estão autorizadas e aptas a exercerem a formação moral e intelectual dessas crianças, mas apenas, preparar sua alimentação, levá-las e buscá-las na escola, dar banho, limpar, arrumar a bagunça que fazem etc. E, mesmo assim, esses trabalhos são conduzidos e orientados pela "cabeça" do trabalho reprodutivo, a dona do lar. Muito disso ocorre pela imagem socialmente construída de que as mulheres negras não são capazes de formar moralmente e intelectualmente crianças da maneira adequada.

Ainda que esse ideal social seja falho e não reflita, de fato, a realidade, mas permaneça em um mundo ideal de "desigualdades toleráveis", destacamos ser inegável que, na prática, as mulheres trabalhadoras domésticas exercem alguma influência moral sobre estas crianças com as quais convivem e criam. Lélia Gonzalez (1984), ao tratar da figura da mãe preta, escreve:

> O que a gente quer dizer é que ela não é esse exemplo extraordinário de amor e dedicação totais como querem os brancos e nem tampouco essa entreguista, essa traidora da raça como querem alguns negros muito apressados em seus julgamentos. Ela, simplesmente, é a mãe. É isso mesmo, é a mãe. Porque a branca, na verdade, é a outra (GONZALEZ, 1984, p. 235).

Numa perspectiva psicanalítica, Gonzalez nos diz que a mãe preta tem o papel legítimo de mãe por representar aquela que é transmissora de valores. A cultura brasileira estaria representada na figura de uma criança, um infans, cuja língua é o "pretuguês". Esta mãe, segundo a autora, "passa pra gente esse mundo de coisas que a gente vai chamar de linguagem" (GONZALEZ, 1984, p. 236). Não se trata apenas da influência de línguas africanas sobre a língua portuguesa, mas um conjunto de valores e influências culturais oriundos dos afrodescendentes, também construtores do que temos por Brasil.

Brites (2000) constatou, em sua principal pesquisa sobre o emprego doméstico, as relações afetivas e o potencial influenciador, em amplos aspectos, que as empregadas domésticas têm sobre os filhos dos seus patrões, especialmente quando são crianças. Porém, segundo a autora, é por meio do exemplo cotidiano dos pais, na forma que se relacionam com suas empregadas, que essas crianças aprendem, desde muito cedo, dentro de suas próprias casas, os diferentes tipos de desigualdades. Sendo assim, apesar do potencial dessas trabalhadoras em formarem, de algum modo, os filhos dos seus patrões, não é suficiente para que estes aprendam os seus valores, comportamentos, moralidades e racionalidades, pois além de estarem inseridas em outro contexto social, essas crianças privilegiadas principalmente por sua raça e classe de origem têm nos pais os principais influenciadores em suas construções enquanto indivíduos. E são justamente os seus pais que produzem e reproduzem relações de desigualdades com suas empregadas domésticas.

As afetividades, entremeadas às desigualdades e ao exercício do poder, são características marcantes do relacionamento entre patrões/integrantes da casa e empregadas domésticas. Esse relacionamento extremamente complexo e ambíguo é estabelecido e precedido por estereótipos e estigmas que orientam a intimidade entre as partes, intimidade esta que pode se mostrar bastante reveladora em relação ao trato dessas mulheres negras trabalhadoras de forma despersonalizada, negando a humanidade e individualidade dessas mulheres. Muitas vezes o abuso aparece na intimidade característica da afetividade.

CAPÍTULO 4

"MÁQUINAS DE TRABALHO QUE NÃO TÊM DIREITO A NADA":
O ESTEREÓTIPO, O RACISMO E A DESUMANIZAÇÃO

Neste capítulo, trataremos mais especificamente dos relacionamentos entre patrões e empregadas domésticas, vistos da perspectiva das próprias domésticas. Enfatizo as desigualdades que permeiam tais relacionamentos, inclusive as desigualdades intrínsecas às afetividades (ou a negação destas) características da profissão. Como essas trabalhadoras veem seus patrões; como se dá sua convivência laboral, afetiva e cotidiana com eles; como elas concebem que estes as veem e como seus relacionamentos são moldados por rótulos e imagens preconcebidos que são reproduzidos e baseados, sobretudo, em estereótipos e estigmas direcionados às mulheres negras e/ou empregadas domésticas muito presentes na consciência social. Trato aqui como tais imagens fixas definem seu cotidiano de trabalho de forma a torná-lo humilhante, servil e desumanizante. Tais fatores influenciam, inclusive, no âmbito dos direitos, pois, como cidadãs e trabalhadoras de segunda classe, por muito tempo foram despossuídas destes, estando uma grande parcela dessas trabalhadoras ainda nessas condições.

4.1. CONTRASTES DE RAÇA, CLASSE E GÊNERO

Muito do desvalor que cerca a profissão está baseado na concepção social de que essas mulheres negras da classe trabalhadora não são dotadas do mesmo tipo de humanidade e nem são tão dignas de individualidade quanto os indivíduos padrões da sociedade, aqueles que são brancos e pertencem às classes média e alta. A partir das entrevistas, foi constatado que a estigmatização e os estereótipos são muito presentes e perceptíveis a essas trabalhadoras que vivenciam experiências de acusação, humilhação e desumanização em amplos sentidos.

> (...) era como se a gente não existisse, como se a gente fosse uma máquina de trabalho que não tivesse direito a nada (LUZIA).

A invisibilidade acompanhada do sentimento de exploração e servidão são fatores que pesam muito sobre as trabalhadoras domésticas. É comum o sentimento de diminuição diante dos patrões e perante o ambiente social diferente, tido como superior. Por conta de demonstrações explícitas de preconceitos de diversos tipos direcionados a essas trabalhadoras é moldado o tipo de relacionamento trabalhista e pessoal que será estabelecido da parte da patroa (patrão) com a empregada. Tais comportamentos baseados em diferenças e desigualdades de classe, raça e gênero, quando não demonstrados de forma direta, aparecem de forma indireta, mas são suficientes para formar uma concepção bastante definida sobre seus patrões e sobre a sociedade em que estamos inseridos.

> Infelizmente, eles fazem diferença das classes, de cor, de tudo! São preconceituosos! É o que ela passa pra mim, pode não ser com outras pessoas, mas com empregada doméstica, infelizmente. (...) Sempre viam a gente, uma visão que a gente é bandido, é marginal, é prostituta. Que a gente tá sempre é... arrumando... que você não tem condições de arrumar alguém pra você ficar, que você tem que ficar na mão de um, na mão de outro (LUZIA).
>
> (...) existe o mito de que toda empregada tem caso com o patrão, existe o mito de que toda empregada é... muitas empregadas são desonestas. Existe muito preconceito em torno dessa profissão. Além do que muitas pessoas acham que só porque a pessoa é doméstica a pessoa é ignorante, a pessoa não tem estudo, a pessoa não tem educação, né! Vê-se ainda a profissão, talvez por causa da condição da escravidão, por causa da maioria das domésticas serem negras, ainda se vê, quando se diz assim, "a fulana é doméstica", pensa-se logo o que? Que a pessoa é ignorante, que a pessoa não sabe falar, a pessoa não sabe se impor, não sabe se comportar (INÊS).
>
> Eu acho que por você ser pobre e por ser negro e tal, juntando os dois é pior ainda, mas vou botar por ser pobre, de certa forma, é... acho que as pessoas sempre esperam o pior de você. Esperam que você seja bandido, no caso, pra homem, pra mulher, piranha, ou das menos piores hipóteses você ser uma empregada (MELISSA).

A partir das falas das entrevistadas, são nítidos os estereótipos e estigmas empregados a essas trabalhadoras domésticas negras, apreendidas como aquelas desprovidas de racionalidade, moralidade, honestidade, de sexualidade descontrolada, encaradas como o "baixo nível" social. Essas mulheres têm de viver sua rotina de trabalho e sua rotina social impregnadas de tais imagens fixas, impossibilitadas de desenvolverem e manifestarem com clareza sua própria individualidade. Sua condição de classe, raça e gênero as precedem e determinam o que supostamente são antes que consigam oficialmente se apresentarem.

As concepções manifestas acima são advindas de experiências reais de preconceito por parte dos patrões com essas domésticas, experiências que revelam a desigualdade presente no contraste desses dois grupos sociais. Luzia nos conta sobre um caso de roubo de mobília na casa dos patrões de uma amiga que também era empregada doméstica. Essa casa ficava próxima da casa em que Luzia trabalhava. Ao relatar o caso, a reação de sua patroa foi inesperada para Luzia ao associar os ladrões a ela e sua amiga Milena, também doméstica, perguntando se estes por um acaso não eram seus amigos.

> Naquela época eu sofri muito com isso, entendeu?! "Será que não foi nenhum amigo teu ou da sua amiga Milena que roubou lá não?". Aí eu falei assim, "a senhora tá de brincadeira?! Não, a senhora tá falando sério mesmo?! Aonde já se viu isso?! Como a senhora emprega uma pessoa que é

ladra?!". Que eu me senti assim, uma ladra! Porque se eu tenho amigos que roubam, eu também posso roubar! Aquilo ali me deixou mal muitos anos, fiquei muito chateada, muito triste com aquilo (LUZIA).

No caso de Judite, o que se vê é a contestação de sua honestidade e a acusação, mesmo diante de provas:

> Tamis: quais foram seus piores patrões?
> Judite: [risos] se eu for citar... [pausa] bem... Seu Fábio e a dona Neuza que eles acusavam de coisas que a gente não fazia. Tipo, é... quebrava as coisas lá, teve obra na casa deles, então, quebraram muito... eles eram católicos, então tinha muito santinhos, assim, então, eu não sei quem foi, pegou aquele santinho, quebrou e escondeu lá no cantinho. Aí eu cheguei pra poder limpar, porque eu trabalhava final de semana, eu descia na sexta e vinha na segunda. Quando eu vi o santinho lá, eu tirei pra limpar, quando eu vi quebrado, aí eu peguei, e sendo que a casa tinha câmera, ainda mostrei assim que a santinha tava quebrada. Ele cismou que fui eu! E eu falei que não fui eu, e ele cismou que fui eu! E foi uma coisa muito chata, porque eu dizendo que não e ele alegava que "não! Foi você sim!", entendeu? Todo tempo ele falava que era eu! Então, assim, eu me senti muito triste com essa situação, porque não fui eu! Que se eu quebrar eu chego e eu falo "oh aconteceu isso e isso.". E sendo que tinha câmera e ele me acusando. Então pra mim... bem chato!

A experiência de acusação foi algo bastante significativo para que Judite citasse seu Fábio e dona Neuza como alguns dos seus piores patrões. Mesmo com provas concretas de sua inocência, no caso, a câmera, foi acusada como se fosse inevitável que essa culpa caísse sobre ela, sendo aquela de moral duvidosa, enquanto uma empregada doméstica negra, de acordo com o imaginário socialmente construído sobre estas. Aquelas de comportamento capcioso, desonesto, traiçoeiro, a que está a todo tempo em contato com os bens materiais da casa e que oferecem perigo à integridade do lar, e não só, podendo até oferecer perigo à integridade da família (XAVIER, 2012; BRITES, 2000; TELLES, 2018).

Na maioria das vezes, os piores patrões são citados como aqueles que dão um tratamento menos humanizado às domésticas, aqueles que não cumprem com o combinado, que não pagam em dia, que importunam seu trabalho e que as acusam ou as prejulgam. Já os melhores patrões são citados como aqueles que tratam a relação patrão/empregada de forma profissional. Isso não exclui o fato de algumas das domésticas entrevistadas considerarem o bom tratamento afetivo como importante, porém, só são considerados "os melhores patrões" se a afetividade não for usada como um mecanismo de exploração.

A partir da consciência dessas mulheres sobre a imagem que seus patrões atribuem a elas, são criadas estratégias de defesa para a manutenção de sua integridade moral e seus empregos. Luzia diz que, a partir do episódio que aconteceu na casa de sua amiga Milena, ao tomar banho para ir embora da casa em que trabalha, passou a deixar sua bolsa bem aberta e à mostra, para que todos os integrantes da casa possam ver, de forma proposital, mas dando a entender casualidade. Faz isso para que, se por um acaso, estiver sendo alvo de alguma desconfiança de roubo, seus patrões possam, disfarçadamente, revistarem sua bolsa e constatarem que não pegou nada que possa ser deles ou da casa.

Miriam deixa muito claro para seus patrões que não limpa a parte de dentro de geladeiras, armários, cômodas e nem guarda-roupas, a não ser que sua patroa esteja junto a acompanhando ou a ajudando para se certificar que não será acusada de roubo. Porém, relata um caso em que, por exceção, decidiu ceder e abrir uma estante.

> Esses dias até, assim, uma faxina que eu fui fazer, não tô acostumada a abrir nada, assim, estante dos outros, mas não sei o que aconteceu aquele dia, cara, que eu tive que abrir e quando eu abri tinha um dinheiro lá dentro, aí eu falei: "ah meu deus do céu! Pra que eu fui mexer aqui?!". Mas aí também fechei a porta, deixei lá! Pronto! Ela [patroa]: "não Denise! Não tem importância, não! Você é de confiança, não tem nada não!". Eu falei assim: "não, mas fica chato! Eu tô aqui, mas de repente chega uma pessoa, abre e pega e coisa!" porque às vezes eu falo até assim pra minha filha: "Melissa, acho que muitas das vezes a pessoa experimenta, fica, assim, 'vou experimentar ela! Vê se realmente ela vai mexer.'". Que às vezes você chega em casa pra arrumar que você encontra certa situação que eu acho que aquilo ali é até armação pra pegar alguma coisa da gente, porque, gente! É impossível a pessoa tirar um dinheiro grande e deixar jogado num lugar, assim, que nem em cima de guarda roupa. Teve um dia que eu cheguei numa casa pra fazer uma faxina, tava lá! Mil reais! Mas as notas, assim, tudo espalhada, em cima da estante, no alto, assim, como quem diz: "eu vou botar aqui pra ver se ela não vai mexer!", então, eu, na minha cabeça, passa isso! Que a pessoa deixa aquilo ali pra experimentar! (MIRIAM).

Os "testes", que Miriam diz que seus patrões preparam para colocar à prova sua honestidade, são um demonstrativo do prejulgamento que fazem das trabalhadoras domésticas, isto é, de que seriam desonestas e ladras. O antropólogo Gilberto Velho (2012), em seu artigo intitulado por "O patrão e as empregadas domésticas", descreve sua experiência com as suas empregadas durante a vida adulta.

> (...) me chamou a atenção a honestidade dessas trabalhadoras domésticas. Eram profissionais com "referências". Sei de pessoas de outras categorias sociais, supostamente mais educadas, que não compartilhavam os mesmos padrões de lisura e correção. Detalhes como troco, prestações de contas, localização e cuidado com objetos, roupas etc., eram características que, talvez por preconceitos meus, muito me impressionaram. (VELHO, 2013, p. 22)

Velho realizou tal artigo baseado nas suas concepções e lugar social de patrão em relação às suas empregadas; não chegou a entrevistá-las ou se aprofundar em suas vivências e concepções de mundo. Talvez por isso não tenha se dado conta de que estas se veem obrigadas, muitas vezes, a demonstrarem até mesmo de forma exagerada sua honestidade. Precisam provar que são realmente honestas e moralmente confiáveis, justamente porque, não recebem esta confiança de antemão.

A experiência da sexualização também faz parte da vivência dessas mulheres. Assim como foi citado, a partir da transcrição de suas próprias falas, muitas estão cientes dos estigmas relacionados à prostituição e à moralidade sexual pouco confiável que as envolvem. Miriam e Luzia relatam casos que lhes aconteceram que nos dão uma ideia de como tais estigmas operam:

> (...) O homem [patrão] chegou da rua, velho já! Aí entrou, ele nunca me pediu pra eu levar um chá na sala dele, porque quem fazia o chá dele era a esposa dele. Nesse dia o homem inventou de chá, cara! E eu já desconfiada. Meu Deus do céu! "Ah a senhora faz o chá e leva pra mim na sala?", falei: "levo!". Peguei fui lá fiz lá o chá e levei. Só que quando eu cheguei lá ele chegou pra mim e falou assim: "os seus pais te criaram pra que? Pra você casar? Pra você ter uma família?", eu falei: "acho que todo pai quer uma filha que tenha uma família e que seja uma pessoa decente.". Aí ele virou pra mim e falou assim: "é... acho que eu vou arrumar um emprego pra senhora, a partir de agora eu vou ajudar a senhora!". (...) daqui a pouco ele virou pra mim e falou assim: "eu vou arrumar um serviço pra senhora na Fundição!" nem falou senhora, "pra você na Fundição!". Aí falei: "vai arrumar um serviço pra mim na Fundição?!", "vou!". Aí ele falou pra mim: "só que o negócio é o seguinte, lá na Fundição, você vê essas meninas aí tudo sendo chefinha, trabalhando de secretária, não pensem vocês que elas tão lá porque elas têm capacidade, não! Elas tão lá porque os outros colocam elas lá dentro e elas ficam.". Aí ele virou pra mim e falou assim: "eu vou arrumar um emprego pra você, mas só que quando você chegar lá você vai ter que ficar com alguém lá dentro, você já fica comigo.". Aí menina eu olhei pra cara do homem, "gente...". Aí menina eu saí da sala, vim numa vontade e comecei a esfregar o pano de prato lá! Ai gente! Acho que eu esfreguei aquele pano de prato lá umas mil vezes! Aí daqui a pou-

co vem ele, ele virou bem assim pra mim, na minha cara! "Não, não tem importância, não! Se você não sabe tomar remédio eu te ensino a tomar.". Cara, oh aquilo pra mim acabou comigo, acabou! Olha e a mulher da casa não chegava e eu desesperada com aquele homem! "Gente, esse homem vai me agarrar aqui agora, eu vô tá perdida!". Aí passou. Aí daqui a pouco ele virou assim, "não... então tá! Se você não quiser...", bem assim na minha cara! "se você não quiser trabalhar na Fundição, você fica comigo e continua trabalhando aqui em casa que eu vou alugar um apartamento na Barra e você me encontra, e eu vou te ensinar o código da chave do meu carro e quando eu chegar eu faço e você vai.". Menina! Olha eu não falei nem que sim, nem que não pro homem. (...) Eu acabei de almoçar, arrumei a cozinha, peguei o meu dinheiro e fui embora. Oh saí lá da Rua Bahia chorando, eu cheguei na minha mãe chorando, nervosa! (...) "Mãe, a gente que é empregada e trabalha na casa desse pessoal, mãe, é a palavra da gente contra a deles. Porque a gente vai chegar e vai dizer pra esposa do cara: 'ah eu tô indo embora porque teu marido me cantou?!'". Aí eu falei: "não mãe!". Peguei, saí de lá e nunca mais voltei! (MIRIAM).

Eu, uma vez, cheguei e falei assim: doutora Léa, eu tô passando mal, eu tô com uma... eu era assim, até inocente cara, eu tinha, assim, uns 24 anos, nem me relacionava com homem, nem nada. "Eu tô passando mal, eu tô com uma dor na barriga.". "Será que você não tá grávida, não? De alguém aí que você andou?", eu achei assim, meu Deus! Tipo assim, me botando como uma mulher qualquer! E eu nem tinha relacionamento com homem nenhum! Como é que pode?! A pessoa vê a gente de uma forma qualquer! Eu achava um absurdo! Que eu acho que ela [patroa] tinha que me respeitar igual ela respeitava os filhos dela! Não! Não me respeitava, queria o melhor pra mim não! E se eu desse mole, eu só ia entrar na provocação dela. Ia achar que eu não tenho direito a nada, que eu sou pior do que todo mundo. Que, infelizmente, eles fazem isso, botam a gente como nada. Não! Mas eu sou alguém, e eu não me vejo dessa forma (LUZIA).

O desvalor da empregada doméstica só não supera o da prostituta; muitas mulheres ingressam nesse tipo de emprego para fugirem da prostituição. Apesar disso, não conseguem fugir do estigma que conecta essas profissões. Numa espécie de espelho a sociedade as encara como uma sendo o reflexo da outra. Sem a intenção de desqualificar as prostitutas, trato aqui não do teor da profissão especificamente, mas da questão de que essas mulheres trabalhadoras domésticas têm tal imagem como imposição, e não como escolha.

Lélia Gonzalez (1984), quando nos fala sobre a dupla imagem da mulher negra – mulata e mucama –, abre-nos a reflexão de que ao mesmo tempo que a mulher negra pode ser concebida como aquela que seduz, que está disponível para o sexo e que é naturalmente mais sexual, mantém tais supostas características combinadas à subserviência e ao cuidado com o outro. Se considerarmos que os serviços sexuais também são serviços de cuidado quando partem de mulheres (BORIS, 2014), entendemos a lógica que institui mulheres negras e/ou empregadas domésticas como aquelas figuras naturalmente aptas a satisfazerem as carências e necessidades sexuais dos seus patrões. Ademais, tal visão não é compartilhada apenas por homens; como qualquer pensamento social dominante, mulheres também reproduzem tais estigmas, o que é possível ver nitidamente no caso de Luzia e sua patroa. Isso também aponta para o fato de que a raça e a classe muitas vezes sobrepõem a empatia entre mulheres, assim como Kofes (2001) confirma em seus estudos sobre patroas e empregadas domésticas.

A desumanização dessas domésticas aparece desde situações extremas até as mais corriqueiras, mas que mesmo assim dizem e significam muito para essas mulheres em constante estado de diminuição do que são enquanto indivíduos. Como caso extremo, temos um acontecimento de muita agressividade por parte da patroa contra Inês:

> Uma vez ela mandou eu fazer uma coisa e eu fui fazer outra, porque eu tinha uma outra coisa na frente pra fazer, e ela tava sentada e ela pegou o cinzeiro e jogou em cima de mim. Ela simplesmente pegou o cinzeiro e jogou em cima de mim! Só não pegou na minha cabeça porque eu saí da frente (INÊS).

Relatos de situações como essas não foram muito comuns; a violência contra as trabalhadoras domésticas é muito mais de ordem verbal e simbólica do que com propósito de atingir fisicamente. Porém, é de se impressionar tamanha agressividade em uma relação de trabalho, o que demonstra que não é bem nesses termos que é visto tal relação, mas sim como uma relação de servidão, pois apenas contra escravos e servos é utilizada a violência para corrigir o trabalho e o comportamento do empregado.

> (...) ela era uma pessoa extremamente agressiva, mal humorada, grosseira, entendeu? Sem respeito algum pelas pessoas, cruel, entendeu? Tratava empregada muito mal, sabe? E fui vendo, cada vez descobrindo o pior e o pior e o pior dela. (...) eu era tratada mesmo era aos gritos e palavrões, sabe? E todo mundo via, o marido presenciava e não falava nada. As amigas dela que iam lá, presenciavam e todo mundo via a maneira que eu era tratada, era tratada de uma maneira deprimente, entendeu? (INÊS)

Uma coisa em especial chama a atenção no relato de Inês: a omissão dos membros da família e amigos de sua patroa em relação à forma desumana com a qual Inês era tratada. Como se fosse socialmente permitido ser tratada dessa forma porque se é empregada. Uma espécie de convenção de classe que torna aceitável um indivíduo privilegiado sujeitar de forma explícita e grosseiramente humilhante um subalterno a esse nível.

O sentimento de humilhação foi muito comum entre as entrevistadas. Segundo Katz (1988 apud COELHO & REZENDE, 2010), tal sentimento apresenta cinco características:

> A primeira é sua dimensão pública, ou seja, sentimo-nos humilhados *diante de um outro* (ainda que esse outro possa não estar presente na cena física imediata, bastando muitas vezes a consciência de sua existência); essa humilhação parece, no calor das circunstâncias, ser *eterna*, ou seja, algo que o sujeito nunca se poderá livrar, e que por isso parece-lhe insuportável; o sentimento vem de fora para dentro, é algo que "toma conta" do sujeito, que se vê como *objeto* de uma experiência emocional; a humilhação é "holística", ou seja, ela envolve todo o corpo; e, finalmente, ela acarreta uma perda de controle da identidade. Na humilhação, não sou mais quem eu pensava ser, mas alguém inferiorizado diante de todos, e pior, alguém que tentou disfarçar essa inferioridade simulando uma indiferença, em estratégia óbvia aos olhos de todos. (KATZ, 1988 apud COELHO & REZENDE, 2010, p. 88)

Como situação corriqueira, até mesmo o presentear da patroa em uma data importante como o Natal, a diferença da escolha dos presentes entre os membros da casa e a empregada, e a não observação dos gostos desta para realizar a escolha do presente, pode demonstrar para a mesma o quanto é desconsiderada como indivíduo portador de gostos, senso estético e discernimento.

> Por exemplo, as desvantagens, é época de Natal, aí vai dá uma pulseirinha de dois reais pra gente. Não, isso não é ridículo, cara?! Dar um presentinho... Natal é uma data importante, porque que não dá algo melhor? Algo assim... que realmente vale a pena. Pra que dar isso?! Aí eu penso assim: "será que se eu desse isso, desse um presentinho desse pra ela, ela ia gostar?!". Eu acho isso ridículo! Aí pro filho, pra nora, pra não sei quem, dá um presente assim, uma coisa boa, algo bom, caro! Que não é nem pelo valor! Assim, uma coisa boa! Assim, porque que ao invés de dar... não deu pra mim uma besteira? Dá pra filha também outra besteira! Não! faz essas diferenças! Com coisa, que a gente gosta de porcaria! Que a gente não sabe o que que é bom! Que não tem gosto! Não é ridículo isso?! Eu acho ridículo, cara! Meu Deus! Tá de brincadeira com a minha cara! Dá vontade de passar e falar assim: "oh te devolvo seu presente, tá! Não quero não! Fica pra você! Acho que vai ficar melhor em você do que em mim!". Você pode até perguntar a minha irmã, os presentes que eu ganho eu dou tudo pra ela! Ela: "ah eu quero! Ah eu uso!". Porque eu já não gosto, se você ob-

servar eu já não fico assim, com coisas... eu sou assim, sou básica. Agora, vem me dar e ainda me dá porcaria?! Eu uso brinquinho assim [pequeno], convivo com a pessoa anos e anos, aí a pessoa vem e me dá um brinco desse tamanho [grande], pendurado?! Presta atenção, né! Vou usar?! Não vou, cara!" (LUZIA).

As diferenças de presentes incomodam demasiadamente Luzia por refletirem também as diferenças do cotidiano. Algo muito relevante no relato é a crítica à falta de percepção de sua patroa em relação aos seus gostos, a como ela é, pois mesmo com trinta anos de convivência ainda não conseguiu apreender como Luzia costuma se vestir, quais acessórios costuma usar. Isso diz muito sobre sua invisibilidade no cotidiano da casa, sempre vista como uma "máquina de trabalho",[37] um "objeto" de acordo com suas próprias expressões, mas nunca enquanto mulher, indivíduo.

Tal sentimento foi constatado também por Maria Claudia Coelho (2006a apud COELHO& REZENDE, 2010), que sob a perspectiva da antropologia das emoções, visa captar como funciona a dádiva de Mauss na interação e troca de presentes entre patroas residentes da zona sul do Rio de Janeiro e suas empregadas domésticas, e como tais trocas geram expectativas de retribuição. Como a escolha dos objetos pode dizer muito sobre si e sobre as posições hierárquicas nesse relacionamento.

Ao entrevistar patroas, a autora percebe que estas ficavam muito satisfeitas com a demonstração de gratidão de suas empregadas ao presenteá-las; não esperam e nem é desejado uma retribuição material, muito menos uma retribuição material de valor mais alto do que é esperado de alguém "humilde", como uma doméstica. Na verdade, a retribuição que se espera com o presente e o tipo de dramatização do vínculo entre doador e receptor (assim como Mauss originalmente formula o conceito) seria a gratidão que gera a submissão, a dívida em ser leal e servil à patroa. Em contrapartida, a retribuição à altura por parte da empregada não agrada, pois pode dar a entender uma reivindicação de igualdade, também ferindo as regras hierárquicas. E, por outro lado, mostrar-se ingrata é se revelar rebelde à ordem hierárquica estabelecida.

Ao entrevistar algumas pessoas que trabalham com cuidado, nem todas sendo trabalhadoras domésticas, a autora percebe que as demonstrações de gratidão muitas vezes não correspondem ao real sentimen-

---

37 Assim como Kofes (2001) constata em sua pesquisa, o termo "máquina de trabalho" e "escrava" estão muito presentes nas falas das domésticas entrevistadas.

to. Uma das entrevistadas, cuidadora de idosos, relata sua insatisfação com o presente dado pela patroa, uma lata de biscoitos. Sua insatisfação é dada por dois motivos: o baixo valor do presente; e a desatenção de sua patroa em relação ao seu modo de ser. A entrevistada diz que vive de dieta e questiona se sua patroa nunca percebeu, dando a ela um presente sem utilidade, já que dá a entender que não come biscoitos.

> (...) a reivindicação da parte da acompanhante de ser vista como sujeito singular que tem gostos e idiossincrasias, em vez de ser encarada como ocupante de um papel: a lata de biscoitos, ao desconsiderar sua preocupação com dietas, seria um presente de uma *patroa* para uma *empregada*, ou seja, uma troca entre papéis sociais, e não entre sujeitos individualizados. (COELHO, 2006a apud COELHO & REZENDE, 2010, p. 95).

Portanto, até mesmo os presentes podem dizer algo de relevante para o destrinchar do relacionamento entre patrões e empregadas domésticas. As hierarquias, não só de classe, mas também ontológicas estão presentes em todos os níveis de relacionamento entre as partes e se escondem de forma sutil em gestos que, muitas vezes, são afetivos, embora cobertos de desigualdades.

Ao nos voltarmos especificamente para a raça, quando foram feitas perguntas mais diretas sobre o racismo que poderiam ter sofrido nas casas dos seus patrões, algumas respostas chamaram a atenção. Apesar de várias delas terem negado o racismo, outras, o explicitaram, como é o caso de Luzia. A trabalhadora doméstica conta que apesar de ter a pele clara por conta de sua mãe ser branca, seu pai é negro, ela herdou o fenótipo negro do pai, assim como a textura do seu cabelo, que é crespo. Luzia sente o racismo de sua patroa em diferentes situações, segundo ela:

> Teve uma época, logo assim que eles foram morar no condomínio que eles moram hoje, quando tinham pessoas, assim, negras, na piscina, ela: "aqui tá virando a maior bagunça! Olha os tipos de pessoas!" eu pensei assim: "é mole! Isso é por causa da cor! Por causa da cor! Caramba!". O meu pai é negro e minha mãe é branca, então, eu saí assim, que eu tenho feição de negro, saí um pouquinho mais clarinha, mas meus traços são de pessoas negras, do meu pai. Então eu tenho que me respeitar pras pessoas poderem me respeitar, né? Então, quando ela vem pra mim com preconceito, eu falo na cara dela, "ué doutora Léa só porque a senhora acha que é melhor do que eu na cor? Que isso! Tem esse negócio não! A gente tem que aprender a respeitar as diferenças, tem que aprender a conviver. E a senhora não é melhor do que eu em nada. Porque a senhora é branca e eu sou amarelinha.". Entendeu? Aí ela pega e "não Luzia! Que isso!", "não! Senti isso sim!

> A forma que a senhora me tratou ali na frente da sua amiga! Eu não gosto dessas coisas! Eu só não falei com a senhora na frente da amiga pra senhora não ficar com vergonha, entendeu? Mas que eu tenho capacidade pra falar, eu tenho! Então eu tô falando pra senhora agora pra não se repetir, porque se não a senhora vai se sentir envergonhada, porque eu não vou deixar passar, eu vou falar, entendeu? Que hoje em dia o tempo mudou, passou, a senhora pegou uma idade e eu também, então eu tenho que me defender, então pra não ter problemas entre eu e a senhora, não faz mais isso não, tá!". Ela: "que isso Luzia!", "não, tô avisando! Então a senhora raciocina aí, avalia, que eu não gostei, então oh, não faça mais!" (LUZIA).

Luzia trabalha há trinta anos na casa de doutora Léa, conquistou autonomia para expor o que não lhe deixa satisfeita e o que lhe ofende e aborrece. Diante disso, colocou claramente sua indignação em relação ao comportamento racista de sua patroa, a partir da consciência de sua raça e identificação com aquelas pessoas negras que sua patroa discriminava, mesmo não sendo subalternos a ela, mas visitantes de sua casa. Luzia procurou se defender da humilhação e do preconceito por meio do diálogo, que, no seu caso, perceptível durante a entrevista, é uma das suas maiores defesas contra os seus patrões, o que não é comum diante da subalternidade e submissão exigidas das trabalhadoras domésticas. Luzia relata outro caso em que sentiu o racismo de forma explícita:

> (...) quando... esse rapaz de quarenta anos [filho de sua patroa] arrumou uma namorada lá de Tocantins, a mulher toda bonitona, toda branca, toda produzida, toda cheia de joias, aí ela ficou lá na casa deles, né. Aí ela fez aniversário, aí na hora de cantar parabéns, sempre eles me chamam, mas eu nem gosto, nem faço questão. Aí ela [patroa] não deixou me chamar, não deixou me chamar por causa de preconceito. Aí depois eu peguei e falei assim, com esse rapaz, esse rapaz de quarenta anos: "oh Fulano! Otávio! Sua mãe bem fez isso, isso e isso, hem!", ele: "não Luzia!", "fez sim! Fez! Puro preconceito!", entendeu? Porque eles eram todos bem clarinhos, né! E a mais torradinha ali era eu. Aí eu falei assim, "com certeza, Otávio!". Porque essa moça ela tem um, como eu posso falar... é... de um estado pro outro, o jeito deles é totalmente diferente do povo daqui, então ela [patroa] quis se igualar a ela [namorada de Otávio], tipo, com preconceito em relação a cor, a empregada, porque empregado lá, pelo o que eu ouvi a mulher falando, a namorada do rapaz falando, são piores do que aqui no Rio. Lá em Tocantins, em relação à empregada, à cor, é pior ainda! Então pra ela não ficar por baixo, fez isso comigo. Aí eu achei que isso foi preconceito, por causa da cor. (LUZIA)

Chamam a atenção também os silêncios e os constrangimentos relacionados ao racismo sofrido. No caso de Judite, isso se apresentou de forma muito intensa, pois não negou, mas também não expôs com clareza. Reprimiu.

> Tamis: você já sofreu alguma experiência de racismo com seus patrões, em geral?
> Judite: [pensativa] não.
> Tamis: você nunca se sentiu mal por alguma situação em que você tenha se sentindo diminuída por ser negra e seus patrões brancos?
> Judite: aaaah sim... isso aí acontece, né! Isso aí acontece... isso aí acontece... [pensativa]
> Tamis: mas como aconteceu?
> Judite: aí eu... não, isso aí acontece.
> Tamis: você prefere não falar?
> Judite: prefiro não falar. [pausa] porque às vezes, tipo assim, é... uma palavra, tipo: "oh se põe no seu lugar!" que, né... acontece muito... [pensativa]. Mas eu não tô nem aí! Eu quero é... nem esquento não!

As repostas constrangidas de Judite, quando perguntada sobre racismo, talvez expliquem muito do porquê a maioria das respostas das trabalhadoras domésticas negras a essa pergunta tenham sido negativas. Não está sendo dito aqui que as trabalhadoras não disseram a verdade, longe disso, o que se está querendo dizer, de fato, é que há uma concepção social brasileira muito significativa no que se refere a como lidamos com as questões raciais – justamente, sem lidar. Como já foi mencionado, para Guimarães (2009), o Brasil é um país que construiu sua imagem interna e externa a partir da ideia de que aqui a igualdade, a tolerância e a tendência à mestiçagem são o modo como a questão da raça é tratada no país. A princípio, a raça seria um *tabu*, sendo, portanto, um assunto reprimido; todos são identificados a partir de uma identidade nacional construída pela mestiçagem; todos são "brasileiros" e em todos está contido o sangue das três raças (branca, negra e indígena). A identidade racial, a partir disso, é vista como uma afronta à democracia racial que os brasileiros acreditam viver.

Se não é aceita socialmente a expressão da identidade racial, principalmente a dos negros e índios, torna-se desconfortável e "proibido" falar de racismo. Essa é uma palavra que fere, "radical demais" para a nossa realidade supostamente igualitária do ponto de vista racial. Assim, torna-se difícil identificar o racismo, muitas vezes não demonstrado de forma explícita, mas intrínseca, graças à ampla disseminação e aceitação do politicamente correto (FREITAS, 2010). Assim como nos fala Luzia sobre a sua patroa:

> Tamis: você citou que seus patrões são muito preconceituosos em relação à classe, à cor... Você já percebeu alguma atitude de preconceito dessas com você?
> Luzia: com certeza! Com certeza! Com certeza... preconceito de tudo! Preconceito de... tipo, de sentar junto com ela. Isso pra mim é um preconceito! Por que? Porque sou empregada, sou... tenho um cabelo crespo. Mas essas coisas ela tinha de mais, hoje em dia, no fundo, no fundo ainda tem. Só que não demonstra, assim, não bota, assim... alí ao vivo pra gente sentir. Por que? Porque os filhos dão em cima, não gostam desses negócios, acham que os direitos são iguais, os filhos falam isso. E eu gosto, quando eles falam, eu bato palma na frente deles! "É isso aí João! Vamos fazer os outros respeitarem as diferenças!". Agora ela fica mais esperta. Quando ela vai fazer alguma coisa relacionada a preconceito resguarda mais, né! Porque a própria família, os próprios filhos ensinaram pra ela (LUZIA).

Além disso, a tendência no Brasil de se tratar a pobreza e as condições de precariedade do negro a partir de um viés de classe apenas, e ignorar o viés racial, é muito forte, conforme afirma Nádia Guimarães (2001). Isso se reflete amplamente na teoria social sobre o trabalho doméstico no Brasil, sobre o qual o mito da democracia racial exerceu ampla influência acadêmica. É nítido como os (as) teóricos (as) que abordam essa temática fundam suas concepções sobre os conflitos, tensões e desigualdades vivenciados no lar a partir da inserção de uma trabalhadora doméstica muito baseados no âmbito de classe e de gênero (inclusive intragênero), havendo uma maior desenvoltura teórica em relação a tais marcadores e um apagamento dos conflitos e tensões raciais presentes nesse meio.

Tal apreensão não é mesmo uma tarefa fácil. Muito dessas dificuldades se devem ao mito fundador da nossa crença enquanto povo de que vivemos em um país mais tolerante racialmente. Até mesmo as domésticas, que muitas vezes não utilizam em suas falas referências raciais de forma explícita; é preciso buscar nas entrelinhas. Ao realizar as entrevistas, encontrei tais dificuldades. O silêncio e o constrangimento foram muito comuns quando diretamente questionadas sobre situações de racismo que pudessem ter sido vivenciadas em seus cotidianos de trabalho.

Quero dizer que é preciso um esforço extensivo por parte dos (as) pesquisadores (as) a fim de quebrar as concepções fundadas pela, entre outros fatores, democracia racial, concepções estas inerentemente presentes no nosso imaginário social. É um dever reverter tal situação que empurra a raça para a invisibilidade e esquecimento, e que reforçam concepções racistas que estereotipam os negros.

4.2. O CONTROLE E A MESQUINHEZ DOS PATRÕES

Inesperadamente, foram muito comuns os relatos sobre a distinção e até mesmo a negação de comida às domésticas, além da mesquinhez em relação à disposição dos produtos de limpeza, ambas as características atribuídas aos seus patrões. Segundo Luzia, "pra eles isso é muito importante, ter o melhor pra eles e o pior pra gente". Principalmente a comida é usada como ferramenta de distinção entre patrões e empregadas, humanos de primeira classe e humanos de segunda classe. Ao ser perguntada se já enfrentou alguma situação de humilhação ou desrespeito em seu ambiente de trabalho por parte de seus patrões, Luzia relata a seguinte história:

> Não... é... eu não fui humilhada porque eu não deixei, porque eu não deixo as pessoas me humilharem, hoje em dia eu não deixo. Chegou uma manicure lá que é metida a madame. Ela chegou, aí elas duas foram pra cozinha, ela [patroa] e a manicure. Ela chegou e não falou comigo, não me cumprimentou, não me deu bom dia, nem nada! Porque acho que se sente melhor do que a gente, né! Do que eu. Aí pegou, foi até em horário de almoço que ela foi lá fazer. Aí tava lá, a madame chamou ela pra ir almoçar, aí ela: "ah tá Léa, eu vou almoçar.". Aí a Léa, a patroa, começou a abrir os potinhos das comidas, né. Aí ela falou assim, é... abriu um potinho e o potinho tava com cheirinho de azedo, aí a madame falou: "ah! Não! Não! Não come esse aqui não! Deixa esse aqui pra Luzia.". Aí eu olhei assim: "Ah não! Tá de brincadeira com a minha cara?!", "doutora Léa, tá de brincadeira! Por que a senhora quer deixar esse potinho aí pra eu comer?". "Ah não Luzia! É porque tá estragado! Tá um pouquinho, assim, meio um cheirinho meio estranho, aí eu falei pra deixar pra você.". "Vem cá! E por acaso eu sou porco pra comer comida estragada?! Nem porco a gente deve dar, doutora Léa! Que absurdo é esse?! Não! Dá pra ela comer! Ela que vai comer! Eu não!". Aí as duas ficaram assim olhando pra mim... Que absurdo! Se não presta, gente, joga fora! Não vai dar pra pessoa comer! Aquilo me chateou, né! Ela pegou e "ah Luzia...", "não! Eu acho que vocês deveriam pedir é desculpa pra eu não levar a mal isso! Onde já se viu isso gente?! Doutora Léa eu não gostei o que a senhora fez, tá! O que não serve pra senhora, não serve pro outro, bota isso na sua mente, na sua cabeça! Se o negócio é ruim pra mim por que que eu vou dar pro Fulano? Só se o Fulano quiser, por livre e espontânea vontade. Agora isso que a senhora fez, eu tô muito chateada com a senhora, muito triste com a senhora, com a sua atitude!". Aí as duas ficaram assim... Não esperaram que eu fosse reagir! (...) "A Janete é melhor do que eu? Em que? Por que eu faço serviço doméstico e ela faz a unha? Pra mim isso é tudo serviço doméstico, isso tudo aí é serviço doméstico, ela não é melhor do que eu em nada!" (LUZIA).

A ideia presente entre alguns patrões de que às domésticas seria permitido e aceitável oferecer comida estragada não esteve apenas no cotidiano de trabalho de Luzia, mas também no de Judite:

> Já teve casas que às vezes a gente trabalhava, trabalhava, aí quando chegava na hora do almoço era uma quentinha estragada, era quentinha estragada! Eles iam no restaurante, eu ficava em casa limpando a casa lá e tal. Eles iam no restaurante, comiam, eu acho que eles pegavam, assim, o resto, traziam e misturavam naquela quentinha e traziam. Aí eu olhava assim aquela coisa. Eu não gosto de comida misturada, aí quando eu olhava assim aquela misturação, assim, eu nem... não comia não. (JUDITE)

Além disso, há os casos em que não há sequer o que comer. É considerado de responsabilidade dos patrões que forneçam alimentação, até porque, na maioria das vezes são as próprias domésticas que cozinham e preparam estes alimentos. Apesar disso, muitas vezes são privadas de consumirem o que elas mesmas prepararam, e isso não parece aceitável em um contexto doméstico, em que se espera o mínimo de afetividade e cuidado partindo, também, dos patrões para com as empregadas. Alimentar é um gesto afetivo. Além do mais, não é garantido por lei o auxílio alimentação a essas trabalhadoras, ficando, assim, muito dependentes dos patrões nesse sentido.

> (...) Ou então falava assim: "ah come qualquer coisa aí que tem na geladeira!". O que? Não tem nada! Não tem nada, né! Aí você tinha que se virar, assim, um pão, alguma coisa. Já teve situações bem difíceis! (JUDITE).
> Teve uma casa que eu e ela [filha] fomos trabalhar, aí chegamos lá, no primeiro dia, chegamos lá, trabalhamos! Aí falei: ah Melissa! Nem vou levar nada não que de repente deve dar café, alguma coisa, né?". Aí chegamos lá, era dez horas, o marido desceu, aí foi lá na geladeira, pegou as coisas, fez café, aí nem perguntou assim: "oh cachorra! Bom dia! Pelo menos! Quer tomar um cafézinho?!". Não! Aí primeiro que a gente já chegou aí falou assim pra gente: "aqui ninguém toma água gelada! Se você quiser tomar água, você pega ali na torneira, tá?". Aí aquilo ali eu já achei assim, né! Meio... aí falei: "pô Melissa! Água da torneira, cara?!", aí eu falei: "tudo bem!". Mas como eu não esquento a cabeça eu falei pra Melissa: "Melissa, é serviço da gente, a gente veio aqui pra ganhar o dinheiro da gente, a gente não veio pra almoçar e nem ficar tomando café.". Mas eu acho que se você chega na minha casa eu vou te oferecer, nem que seja por educação, né? Pelo menos um café, se eu quiser pegar eu vou aceitar, se eu não quiser eu vou dizer assim: "eu não quero.". Pronto e acabou! Aí passou, isso foi dez horas da manhã, aí quando foi onze e pouca, eles desceram, eles foram lá, pegaram uma chapa, botaram a carne em cima, fizeram, almoçaram, jogaram lá a louça na pia, subiram e nem perguntou: "vocês querem almoçar?". Aí eu comecei a levar, né! Fazia minha marmitinha de noite e levava (MIRIAM).

"Ela fazia muita questão das coisas. É... por exemplo, ela se incomodava muito, por exemplo, se eu tirasse alguma coisa, e eu nem tirava porque eu sabia que ela não gostava. Então, primeiro que a rotina de trabalho era corrida demais e muitas vezes eu não tinha tempo pra comer. Trabalhava demais, eu tinha que dar conta das coisas do trabalho em muito pouco tempo, com muito trabalho pra fazer, então às vezes eu trabalhava de oito da manhã a oito da noite sem comer nada, não almoçava, não tinha tempo, e ela não se importava com isso, ela queria o trabalho pronto. (...) Ela fazia muita questão, ela contava, por exemplo, se ela mandava fazer um empadão, depois que o empadão tava pronto ela contava quantos pedaços ia dar e se eu, se tivesse faltando um, ela já sabia que eu tinha comido e ela não dizia "não come!". Mas de alguma maneira ela sinalizava, deixava claro que não era pra eu comer, que as coisas da casa eram para eles. Na mentalidade dela empregado comia o que sobrava, quando sobrava, pra não jogar fora a empregada comia. (...) É, assim, aquele tipo de pessoa que tudo era contado, tudo mesmo, às vezes até, assim, até água, ela, quando ela não tava de muito bom humor, até de água ela fazia questão. (INÊS)

Dentre os sinais que apontam para a desumanização das mulheres trabalhadoras, tais relatos referentes à mesquinhez de seus patrões em relação à comida são dos mais reveladores. É alarmante em suas falas a percepção de humilhação, animalização e descaso por parte dos patrões. As distinções marcadas pela comida vão além do espacial, em que empregados comem em lugares diferentes do que os patrões, justamente para demarcar barreiras e hierarquias. Muitas vezes trata-se, inclusive, de distinções entre os alimentos, além da própria negação, nos extremos que envolvem tais situações. A alimentação torna-se um fator de exclusão e não de sociabilidade (SAGLIO-YATZIMIRSKY, 2006), assim como analisa Simmel (2004 [1983]), ao identificar como a dimensão mais relevante socialmente da alimentação, a socialização que as refeições proporcionam, o "estar junto com" (SIMMEL, 2004 [1983] apud ASSUNÇÃO, 2009).

Algo parecido é constatado em relação aos produtos de limpeza disponibilizados pelos patrões para a manutenção diária da casa. Estes são fiscalizados, medidos e controlados para que durem e rendam o máximo possível. A cobrança sobre as empregadas, nesse sentido, é sistemática. A mesquinhez dos seus patrões é muito observada por Luzia, tanto em relação à comida, quanto em relação aos produtos de limpeza, especialmente, quando pede à patroa para comprar mais, quando algum produto acaba. Sua patroa costuma desacreditá-la e geralmente vai conferir se realmente acabou os produtos, sempre achando um absurdo terem acabado "tão rápido", demonstrando falta de conhecimento em relação à utilização de tais produtos. Nesse sentido, a realidade contrasta com o imaginário social dominante que é machista e concebe todas as mulheres como inatamente aptas a desempenharem o trabalho doméstico. Tal comportamento demonstra também uma desconfiança em relação à doméstica, como se estivesse esbanjando e desperdiçando os produtos. Não só Luzia, mas Miriam e Inês relatam situações muito parecidas.

> (...) ela fazia muita questão das coisas, tanto de alimentação, quanto de material de limpeza! É... ela não gostava de comprar e achava que o material tinha que dar pra usar indefinidamente, e... até, assim, por exemplo, embalagens que acabavam não podia jogar fora, tinha que guardar e era uma pessoa assim mesmo, que fazia muita questão das coisas mesmo, sabe?! (INÊS).
>
> (...) Aí quando ela [patroa] viajava pra Cabo Frio, eu fazia a festa! Ia lá comprava Veja, comprava tudo, chegava lá metia no banheiro, limpava tudo! Quando ela chegava: "ai Miriam, o banheiro tá tão limpinho, que que você fez?", "ué, eu limpei com o produto que você manda aí oh!". Que não pode usar sabão em pó, nem nada! Só um pouquinho de água sanitária! Ainda botava assim no vidrinho pra mim oh! Passava o maior sufoco! Botava aquele pouquinho de água sanitária, eu tinha que me virar pra limpar o banheiro! (MIRIAM).

É como se todos os recursos que a doméstica precisa utilizar para executar seu trabalho, como os alimentos para cozinhar e os produtos de limpeza devessem ser controlados, fiscalizados e tirados do campo de "desfrute" da doméstica. Há uma tentativa por parte dos patrões de sempre deixarem claro que a doméstica não possui nenhum poder sobre os bens da casa, ainda que sejam itens de consumo que ela utiliza para trabalhar. Parece ser a mesma lógica capitalista em que os meios de produção pertencem ao patrão, e o operário apenas os manuseia e os utiliza para transformar determinada matéria no produto ou no resultado desejado (MARX, 1978[1867]). No caso do trabalho doméstico, um trabalho imaterial, os produtos de limpeza e os alimentos que passam por um processo específico de manuseio e transformação não pertencem às domésticas e não estão sob seu domínio, mas estão dispostos apenas para atender às necessidades dos patrões, submetidos ao seu total controle.

4.3. AFETIVIDADES ENTRE DESIGUALDADES

O teor do trabalho doméstico remunerado favorece os relacionamentos de intimidade entre a trabalhadora e os integrantes da família para a qual trabalha. O convívio com a rotina familiar, o presenciar e, em alguns casos, até mesmo o envolvimento em conflitos familiares, os cuidados com a casa e com seus membros. Todos esses fatores e muitos outros propiciam o desenvolvimento de afetividades entre as partes. Porém, o que existe é uma relação afetiva que ao mesmo tempo está envolta em desigualdades, uma não excluindo a outra. Para caracterizar tal relação, Brites (2000) utilizou a noção de ambiguidade afetiva de Goldstein (2000), que, segundo a autora, é sobre a troca afetiva entre aquelas mulheres privilegiadas e aquelas que têm sua mão de obra doméstica para vender, sendo aí que são praticadas e reproduzidas as relações de classe. Quando perguntada sobre o que gostaria de mudar em suas condições de trabalho, Miriam é categórica:

> Ah eu não queria me apegar a ninguém mais. Porque você começa a conviver com a pessoa, você acaba se apegando com as pessoas e, assim, às vezes você quer tomar uma decisão... assim, que nem essa de vinte anos [de trabalho], eu tô querendo sair, mas aí você fica: "poxa! Tanto tempo juntas, às vezes por causa de uma bobeira, sabe...". Então, assim, acho que a gente deveria ser mais, assim, mais seca com o patrão. Patrão lá e você cá! Só que a gente não consegue dividir isso assim, patrão lá e você cá! (MIRIAM).

Vê-se que as questões afetivas interferem nas decisões práticas de Miriam, que é diarista. Sua autonomia em poder escolher para quem vai trabalhar, por conta da ausência de vínculos empregatícios, fica prejudicada por causa do apego que tem a essa empregadora para quem trabalha há mais de vinte anos, uma pessoa importante em sua vida que, segundo ela, já a ajudou muito quando mais estava necessitada e que, inclusive, é madrinha de sua filha. Apesar dos muitos desentendimentos, o apego sentimental e a gratidão são álibis para sustentar um relacionamento de exploração e opressão que mantém com essa empregadora.

Apesar dos casos e relatos de apego afetivo com patroas, há também, de forma mais comum do que o esperado, aqueles casos de recusa dessa afetividade.

> Eu não acredito em amizade entre patrões e empregadas. Eu acredito em uma relação de trabalho dentro da cordialidade e do respeito, amizade, não. Entendeu? Porque amigo é uma coisa, amigo senta na mesa pra comer com você, amigo participa da sua vida, mas amigo não lava a sua roupa, entendeu? Amigo não limpa o seu banheiro, então não é seu amigo, é seu patrão (INÊS).
> (...) Eu não sou muito de conversar, entendeu? Às vezes essa minha patroa do Leblon ela fica sempre puxando assunto, mas eu não sou muito de conversar, eu gosto de chegar e fazer o meu serviço. Eu não sou muito de ficar "ah vou sentar pra conversar e tomar café com patrão.". Não! Entendeu? Eu não gosto muito de contato demais. É o básico, é empregador, funcionária, só! (JÚLIA).

Nos três casos são perceptíveis que as afetividades presentes nesse tipo de relacionamento de trabalho são de alguma forma prejudiciais às domésticas, segundo suas próprias concepções, e envolvem desigualdades. Nesse último quesito fica evidenciado na fala de Inês que, em seu ponto de vista, amizade e subalternidade não se misturam. Também podemos observar esse aspecto na fala de Júlia.

No caso das diaristas, a questão afetiva é dada de forma mais racional por conta das suas condições de trabalho mais autônomas. Por isso, é possível observar que muitas das suas escolhas de trabalho se dão a partir dos critérios afetivos também. A preferência é para patrões que as tratam bem, oferecem comida (refeições básicas, principalmente), deixam com que desempenhem seu trabalho de forma livre, além, é claro, de pagá-las o valor combinado da forma combinada.

> (...) a gente, como diarista, a gente não precisa ser muito fixo com a pessoa, então, de certa forma, a pessoa tem que fazer de uma forma pra cativar a gente a permanecer naquele serviço, não somente pagando. (...) é igual um vendedor, se você vai num vendedor de uma loja que você costuma sempre comprar e ele te cativa você sempre vai procurar ele. Então, é a mesma coisa, então, tipo, se a pessoa é boa com você a gente sempre arruma um jeito de ter um espaço, um horário, a gente troca uma faxina com a outra pra tentar atender aquela pessoa, mas quando a pessoa não é boa, a gente já logo descarta, porque é uma troca, né. É todo mundo trocando ali, a gente, o nosso trabalho, eles, o dinheiro, mas não somente o dinheiro, porque a gente também não quer ser tratado igual lixo. Só porque a pessoa tá pagando, acha que tem que tratar a pessoa igual bicho, eu não penso assim (MELISSA).

Quando usa a palavra "cativar" para expressar a relação que, segundo Melissa, os patrões têm que ter com as diaristas, esta demonstra que, na verdade, a relação de trabalho que se estabelece não é exatamente a de patrão, assim como com as mensalistas, mas de cliente. Na venda do seu trabalho doméstico, é preciso que o contratante a conquiste não apenas com o dinheiro, mas com respeito e afeto, um lugar na sua agenda de diárias. A demanda por diaristas é muita, o trabalho não é escasso, pelo menos para Miriam e Melissa. Segundo elas, não há necessidade, então, de aceitar indiscriminadamente qualquer pessoa que lhes chame para trabalhar. Isso faz parte do que Monticelli (2013) chama de "afetividade seletiva". É a partir de tais critérios afetivos que as diaristas levam em consideração para a escolha de quem vão atender, o que não exclui, mesmo assim, a possibilidade de exploração e dominação que estão escondidas por trás de um tratamento mais humano.

Outro fator que se faz presente quando nos referimos à afetividade é a questão das imagens e essencialismos colocados sobre as empregadas domésticas, a partir dos estereótipos direcionados às mulheres negras, estereótipos tais que colocam sobre elas a responsabilidade de cuidar e doar tanto o seu corpo como ferramenta de exploração quanto seu cuidado emocional para com o outro, sua força, seu "ombro amigo" e o seio que a todos pode amamentar (HOOKS, 1995). Luzia se vê entre aquela que tem que realizar todo o trabalho doméstico da casa e aquela que precisa dar atenção afetiva aos seus patrões, pois tem de parar o serviço a que estava desempenhando para atender às chamadas dos patrões, que na maioria das vezes são apenas para ver uma foto no celular, ou algo que esteja passando na TV. Luzia relata o diálogo determinante que teve com sua patroa para que contratasse uma diarista para realizar a faxina mais pesada, e usa como critério de convencimento o fato de não poder desempenhar os três trabalhos: atenção afetiva, serviço cotidiano e faxina pesada.

> Ou uma coisa ou outra, ou eu faço a faxina ou eu faço o serviço do dia a dia, arrumo a casa, faço comida, limpo os banheiros, a varanda e dou atenção pra vocês, ou a senhora escolhe isso, ou a senhora escolhe a faxina. (LUZIA).

Lia relata que muitas vezes tem de dedicar um tempo a mais para atender suas patroas em aconselhamento e conversas sobre a intimidade delas, por conta do relacionamento de amizade que considera ter com a maioria dos seus patrões, além do cuidado que despende para com alguns deles.

> Eu, além de cuidar da casa eu ainda conheço a vida pessoal de cada um, todos os patrões, de todos! (risos) não tem um que eu chego às vezes e perco lá, de Campo Grande tem dias que eu chego, se ela tiver na sala ali eu já perco meia hora, uma hora... aí eu já até sento! Porque ela vai contar o que aconteceu no domingo, no sábado, aí fala, fala, fala, aí fala. Quando tá de mal com o marido, então! Eu já conheço a vida pessoal de todos, até da de Cacaria, de Campo Grande é... do passado. (...) Essa Celina mesmo, essa daí eu já falei que não volto a trabalhar pra ela, porque ela é muito chata, mas aí ela roda, roda, roda, roda, tem dez anos essa novela! Eu vou e volto, vou e volto, vou e volto. Aí outro dia ela virou e falou assim: "ah minha amiga, fica doente não. Porque só pra cuidar de mim tem que ser você, porque só você me atura!", entendeu? Aí passei pelo casamento dela, se separou, vi o esposo casar de novo.
> Tamis: a Celina é sua primeira patroa, né? E como era sua relação com ela?
> É... por exemplo, quando ela fica doente você cuidava dela, quando você trabalhava lá? Ou você só fazia o trabalho da casa mesmo?

> Lia: não. Se ela ficasse doente e eu tivesse que dar um remédio, entendeu? Às vezes ela chegava, saia, tava muito enrolada, que não fazia parte, né! Porque diarista não tem compromisso com comida, mas pedia, eu fazia, entendeu? Sempre fiz, nunca esquentei minha cabeça. Às vezes ela saia, o neto tava doente, ela pedia pra eu estar vendo uma febre, estar dando um remédio, né. Às vezes a nora deixava o neto lá, "ah Lia! Tem como você passar o olho pra mim?", eu passava. Sempre passei (LIA).

Lia não parece se incomodar com essas situações, porém, é peculiar o fato de que esse relacionamento, na maioria das vezes, não é recíproco, além de exploratório. Dificilmente uma empregada pode ter o mesmo nível de entrega no que se refere às suas confissões pessoais. Dificilmente uma empregada pode pedir tantos favores e cuidados aos seus patrões quanto estes pedem a elas.

Gilberto Velho (2012) nos dá também a dimensão do que representa o cuidado da empregada doméstica para com seu patrão. Em seu já citado artigo, que Velho dedica à sua empregada mais estimada, Dejanira, que, segundo ele, trabalhou em sua casa durante 36 anos, sendo o antropólogo dez anos mais novo do que ela. Dejanira começou a trabalhar em sua casa desde quando o antropólogo tinha 26 anos e era recém-casado, acompanhando até mesmo seu divórcio. Nas suas palavras:

> Assim, nos primeiros três anos e pouco, Deja trabalhou para nós, um jovem casal de professores universitários. Depois de nossa separação, em 1976, ficou comigo, tomando conta não só da casa, mas do próprio patrão. Cozinhava, arrumava, lavava e passava (VELHO, 2012, p. 13).

Deja, assim como Velho a chamava, apenas parou de trabalhar para seu patrão quando já se encontrava com idade avançada, 72 anos, cansada e com problemas de saúde. Velho ressalta que sua ex-empregada possui aposentadoria e ajuda de custo dada por ele, além de se comunicarem constantemente pelo telefone.

O imaginário construído socialmente sobre as empregadas domésticas no Brasil e o pensamento patriarcal e machista permitem que um homem de apenas 29 anos (idade que Velho se divorciou de sua esposa) seja "cuidado" (segundo seus próprios termos) por uma empregada doméstica que, aliás, despendeu toda sua vida a esse cuidado.[38] As condições de gênero, raça e classe influenciam muito no teor

---

[38] Segundo Guillaumin (1992 [1978] apud FALQUET, 2016) é um dos privilégios fundamentais dos homens não só a permissão de não terem o dever de realizar tarefas de cuidado com os membros da família, mas também de desfrutar deste cuidado que é todo incumbência da mulher.

de tais relacionamentos de afetividade entre desiguais. Sendo mulher, negra, solteira e sem filhos, pobre e oriunda de família pobre, condição, aliás, muito comum às trabalhadoras domésticas,[39] durante os 36 anos de serviços prestados a Gilberto Velho não constituiu uma vida individual – ser solteira e sem filhos pode ter sido uma opção pessoal, mas pode não ter sido, também. "Ouso conjecturar que, para Deja, trabalhar para mim era um fim em si mesmo, além de ser naturalmente um meio de subsistência e apoio" (VELHO, 2012, p. 21). A afetividade que envolve o trabalho doméstico remunerado é uma característica inerente ao trabalho, porém, tal afetividade pode carregar muito de servilismo, o que é algo por muitas vezes naturalizado.

As empregadas domésticas são muitas vezes tidas como um bem e até mesmo uma herança. Famílias de todas as classes sociais tinham serviçais em suas casas em épocas coloniais e, desde então, ter uma empregada doméstica sempre foi sinal de *status* social (GRAHAM, 1992). A naturalização do fato de um indivíduo doar a maior parte de sua vida produtiva a uma família a ponto de não ter possibilidade de construir a sua própria, de construir uma individualidade, advém muito da concepção de posse em relação a essas empregadas.

Luzia relata uma situação reveladora dessa dimensão. Rafaela, filha de seus patrões, mesmo após se casar e morando junto do seu marido, em outra casa, ainda permanecia mandando suas roupas para que Luzia lavasse, inclusive suas roupas íntimas sujas. Quando Luzia passou a recusar fazer tal serviço que, segundo ela, não era parte das suas obrigações, Rafaela exigiu que fizesse, desrespeitando-a e xingando-a em uma conversa de WhatsApp. Rafaela comunicou seu pai do ocorrido, e este também exigiu que Luzia fizesse esse tipo de serviço, apesar dela já ter recusado. Luzia foi firme em sua decisão e acabou que, no final, venceu (ao custo de uma intensa briga com seu patrão em que os dois passaram mal). A atitude de Rafaela claramente demonstra sua visão do que é *ter* uma empregada doméstica. Rafaela e sua família agiram como se Luzia fosse posse da família e não uma trabalhadora da casa, obrigada a não só servir aos que nela moram, mas também, integrantes da família que não estão mais na casa, mas que, ainda assim, mantém laços senhoriais com Luzia.

---

[39] Cf. FIGUEIREDO, Ângela. Condições e contradições do trabalho doméstico em Salvador. In: MORI, Natalia; FLEISCHER, Soraya; FIGUEIREDO, Ângela; BERNARDINO-COSTA, Joaze; CRUZ, e Tânia. Orgs. *Tensões e experiências*: um retrato das trabalhadoras domésticas de Brasília e Salvador. 1ª Ed. Brasília: CFEMEA: MDG3 Fund, 2011.

4.4. PLENOS DIREITOS PARA O TRABALHO DOMÉSTICO REMUNERADO: UM GRANDE PASSO PARA A HUMANIZAÇÃO

A maior demonstração do *status* desvalorizado e servil do trabalho doméstico remunerado foi a garantia dos plenos direitos trabalhistas a esta categoria apenas no ano de 2015.[40] Parece ser difícil para um patronato branco e conservador de classe média e alta conceber a profissão enquanto tal, desvincular as trabalhadoras domésticas da servidão, da escravidão. Conquistar os plenos direitos trabalhistas representa conquistar o *status* de trabalhadoras, assim como qualquer outra categoria de trabalhadores. Um passo importante de existência e resistência. Um passo muito largo para a liberdade.

> (...) já passou a enxergar a *pessoa* trabalhando na casa deles, entendeu? Que a gente precisa de descanso, precisa de estudar, precisa se alimentar, precisa fazer um curso, precisa ir num lugar passear, ir no shopping. Que antigamente isso não existia não! (LUZIA- grifos nossos).
> (...) aí depois que veio a PEC das domésticas, eu já estava lá há quatro anos, aí quando veio a PEC, que estabeleceu a carga horária, que a partir daí a carga horária das empregadas seria de quarenta e quatro horas semanais, oito horas por dia, aí ela foi e falou comigo: "a partir de agora você vai pra casa e vai vir todos os dias, de segunda a sexta-feira.". E deixou bem claro pra mim: "você vai ter que dar conta do serviço da casa inteira!". E isso, detalhe, não tinha faxineira, eu lavava, cozinhava, fazia faxina, fazia de tudo, num apartamento de quatro quartos e eu fazia de tudo. Aí ela falou: "você vai ter que dar conta de todo trabalho em oito horas, porque você não vai mais poder dormir aqui." Eu falei pra ela: "tudo bem!". Mas aquilo pra mim, só de eu saber que eu não ia mais precisar dormir ali, aquilo já foi um alívio, eu poderia voltar pra minha casa todos os dias. Aí continuou sendo assim. Quando ela precisava aos sábados ela me chamava. Aí as coisas agora mudaram, a carga horária agora exigia que você tivesse um horário de trabalho, e se precisasse, em uma outra oportunidade, tinha que pagar (INÊS).

Vemos no caso de Luzia e de Inês que a LC 150/15 se apresenta de forma prática na vida das domésticas, principalmente em relação à delimitação do horário de trabalho, fator que as duas citam em entrevista como determinante em suas vidas. Isso aparece de forma a libertá-las

---

40 No dia 1º de junho de 2015 foi finalmente sancionada pela presidenta Dilma Rousseff a lei complementar nº 150, que veio consagrar as conquistas da EC 72/2013, que ficou amplamente conhecida e divulgada na mídia como "PEC das domésticas". A PEC teve como relatora a então deputada Benedita da Silva que também já foi empregada doméstica.

da "prisão" que representa dormir na casa dos patrões.[41] Exprime a possibilidade de construção de uma individualidade. Mesmo sabendo que sua rotina de trabalho se tornaria muito mais enfadonha e desgastante, ainda assim Inês teve na notícia de que agora teria de ir e voltar do seu emprego para sua casa todos os dias, um alívio. Assim como para Luzia:

> Eu falei pra ela:
> Luzia: eu não vou mais querer dormir aqui não.
> Patroa: ué, mas por que Luzia?!
> Luzia: porque eu não quero! Eu quero ser igual a todo mundo!
> Patroa: ah! Mas é muito distante de onde você mora. Você vai ficar mais cansada!
> Luzia: não, mas eu quero ser livre! Eu quero ser livre! Eu quero ficar cansada, quero ficar cansada do trânsito, não ficar cansada de trabalho!
> Porque eu no trabalho onze horas ainda tava trabalhando, não é?! Eu saindo, pelo menos eu não ia trabalhar, ainda ia viver a vida, ver as coisas, ver a rua, ver pessoas, não é?!

Enquanto as trabalhadoras de indústria e comércio foram incorporadas à CLT em 1943, as trabalhadoras domésticas só foram reconhecidas pela legislação trabalhista de 1972. A lei 5.589 de 1972 considera o emprego doméstico "aquele que presta serviços de natureza contínua e de finalidade não lucrativa à pessoa ou à família, no âmbito residencial desta" (BRASIL. Lei 5.589, 1972). E instituiu alguns direitos básicos, tais como: obrigatoriedade de assinatura da carteira; férias anuais remuneradas de 20 dias úteis após cada período de 12 meses de trabalho; e definiu empregados e empregadores como contribuintes obrigatórios da Previdência Social. Em 2001 e 2006 ocorreram algumas alterações pontuais na antiga lei 5.589/72, seguindo a mesma lógica de acréscimos pingados de direitos. A lei 10.208, de 2 de março de 2001 estabelece o FGTS e o seguro desemprego como facultativos, ou seja, condicionados à concordância do empregador (ÁVILA, 2010).

Em 2006, a lei 5.589 foi alterada pela lei 11.324, que acrescentou mais alguns direitos básicos aos trabalhadores domésticos como: a) vedar descontos pelo empregador sobre salários por fornecimento de alimentação, vestuário, higiene e moradia; b) assegurar as férias de 30 dias, com pelo menos 1/3 a mais que o salário normal, após cada período de 12 meses

---

[41] De acordo com dados da PNAD/IBGE, em 2009, 2,7% das trabalhadoras domésticas residiam na casa em que trabalhavam, o que equivale a aproximadamente 181,4 mil mulheres. Em 1999 esse índice era bem maior, chegando a 9%, o que mostra que essa prática está em constante decadência.

de trabalho, prestado à mesma pessoa da família; c) vedar a dispensa arbitrária ou sem justa causa da empregada doméstica gestante desde a confirmação da gravidez até cinco meses após o parto (ÁVILA, 2010). Nesse mesmo ano, a lei 11.324, de 19 de julho de 2006, pretendia instituir a obrigatoriedade do FGTS no trabalho doméstico, mas foi vetado pelo presidente da República Luiz Inácio Lula da Silva sob o argumento conservador, o mesmo que foi usado nos anos 1970, de que a ampliação dos direitos causaria um possível aumento de desemprego dessas trabalhadoras (MORI; BERNARDINO-COSTA; FLEISCHER, 2011).

> Porque a gente trabalhava sem saber quantas horas a gente ia trabalhar. Você entrava numa casa... eu conheço domésticas que entravam numa casa segunda-feira seis e meia da manhã e saiam no sábado sete horas da noite, sabe? Não tinha família, não tinha vida, não tinha nada, sabe? Eu conheço empregadas que trabalharam trinta anos pra mesma família. Lá no prédio onde eu trabalho, mesmo, faleceu uma empregada essa semana passada agora que trabalhou naquela casa trinta anos, naquele prédio e ela não tinha folga, sabe?! Antigamente era assim, as domésticas eram verdadeiras escravas! Você ia pra uma casa trabalhar e aí o patrão dizia assim: "ah aqui você é como da família.". E aí a pessoa não tem instrução, não tem capacidade, não tem senso crítico, então acredita nisso, que é da família, e aí com essa história de "você é quase da família", você trabalha vinte e quatro horas por dia, sabe? Você levanta cinco da manhã e vai dormir meia noite. E isso acabou com a PEC das domésticas, porque hoje você trabalha oito horas por dia e se passar de oito horas o patrão tem que pagar (INÊS).

A referência à escravidão é usada para se referir ao período que antecede os plenos direitos trabalhistas, assim como o discurso afetivo e familiar tão característico das relações trabalhistas entre patrões e empregadas domésticas. Tal característica é analisada por Gilberto Freyre (2003[1933]), que olha para a escravidão no Brasil sob uma ótica de escravidão benigna (PAIXÃO, 2013) – tal ideia está presente em muitos momentos de sua obra.[42] Assim como a suposta amabilidade e caráter amistoso no tratamento com os escravos, o autor enfatiza como uma característica da colonização portuguesa a sua inclinação aos relacionamentos mais íntimos, familiares e até mesmo afetivos entre senhores e escravos, principalmente aqueles que faziam o serviço doméstico. Porém, como vemos na fala de Inês, tal afetividade é instituída à custa de servidão e exploração, negando os relacionamentos trabalhistas formais.

---

[42] Como um destes claros momentos: "Desde logo salientamos a doçura na relação de senhores com escravos domésticos, talvez maior no Brasil do que em qualquer outra parte da América" (FREYRE, 2003 [1933], p. 435).

O processo até os plenos direitos no ano de 2015 foi longo e, mesmo assim, as diaristas ficaram excluídas da formalização. Essa lacuna ocorre porque a própria definição da lei restringe a compreensão de trabalhador doméstico apenas àquele que presta serviço doméstico com natureza contínua. Desse modo, a alternativa para as diaristas e para as domésticas que não possuem carteira assinada, quando desejam obter um maior nível de proteção social, é a filiação e contribuição individual à Previdência Social. No entanto, o recolhimento é feito apenas pela profissional, todos os meses, de acordo com o seu salário, com as mesmas alíquotas referentes à contribuição feita por uma trabalhadora doméstica com carteira assinada, de 8% a 11%. Segundo dados da PNAD/IBGE, no ano de 2011, 25,9% das diaristas contribuíam para a previdência de forma independente, enquanto em 2017 essa porcentagem passou para 28,5% das diaristas. De forma muito desigual, entre as mensalistas com carteira assinada no ano de 2011, 39,5% delas contribuíam para a previdência social, já em 2017, 44,8% delas contribuíam (FRAGA & MONTICELLI, 2018).

Segundo Fraga e Monticelli (2018), a instituição dos plenos direitos acarretou aumento no número de mensalistas com carteira assinada[43] e a sua regulamentação fez com que a parte do empregador para o INSS do empregado doméstico fosse reduzida de 12% para 8%, aumentando o percentual de mensalistas que contribuem para a previdência. Além do mais, todos os debates e campanhas feitos durante o período de discussão de aprovação da famosa "PEC das domésticas" parece ter incentivando as diaristas a também contribuírem para a previdência.

O caso de Júlia retrata bem a falta que faz a seguridade dos direitos trabalhistas para uma diarista. Júlia, que estava recém-operada de uma doença cardiovascular, ao ser perguntada sobre como ficou sua relação de trabalho com seus patrões após o ocorrido, ressalta que foi deixada à própria sorte, sem nenhum auxílio por parte deles. Relata que só entram em contato para perguntarem quando volta a trabalhar. Júlia admite estar em desvantagem em relação às mensalistas nessa situação, muito pelo fato de neste momento se ver desamparada, pois não contribui para a Previdência Social.

Como nos diz Miriam, as diaristas muitas vezes ficam dependentes da benevolência dos patrões no que se refere aos direitos que já são ga-

---

[43] As mensalistas com carteira assinada passaram de 22% em 2008 para 26,9% em 2017, segundo dados da PNAD/IBGE.

rantidos às mensalistas com carteira assinada, como o décimo terceiro, por exemplo.

> Mas, assim, essa casa que eu tô há quatro anos eles são legais comigo, chega final do ano eles pagam meu décimo terceiro. Porque a gente que trabalha, assim, um dia sim, um dia não na casa dos outros não tem direito a mais nada, né! (MIRIAM).

Em relação ao argumento, vindo das classes dominantes, sobre a possibilidade de haver um alargamento na informalidade entre as trabalhadoras domésticas gerado pela demissão ou a não contratação delas como mensalistas com carteira assinada, isso não se confirmou. Segundo Fraga e Monticelli (2018), o que de fato ocorreu foi um aumento de mensalistas com carteira assinada entre o período de 2011 a 2017, aumento maior do que o de mensalistas sem carteira assinada, enquanto o número de diaristas caiu em relação ao ano de 2011. Entre variações e oscilações características de um período de transição no que se refere aos plenos direitos trabalhistas das domésticas, em 2017, dois anos depois da LC 150/15, as mensalistas com carteira representavam 26,9%, 2,4% a mais do que em 2011; já as mensalistas sem carteira, em 2017 representavam 44,5%, 0,5% a menos do que em 2011; e as diaristas em 2017 28,6% da categoria, 2% a menos do que em 2011. As diaristas representam a segunda opção dos contratantes; as mensalistas sem carteira assinada representam a primeira. Sim, a informalidade continua como um ameaça, mas não está em processo de crescimento, assim como alardearam os contrários aos plenos direitos no que se refere às domésticas, a única modalidade que está em crescimento é a de mensalistas com carteira assinada.

A conquista dos plenos direitos trabalhistas se deu após muita luta dos sindicatos das trabalhadoras domésticas com apoio dos movimentos feministas e do movimento negro (BERNARDINO-COSTA, 2013). O protagonismo dessas mulheres trabalhadoras em sua própria luta gerou o avanço tão significativo no campo dos direitos, o que é capaz de promover o delineamento de sua autoimagem, assim como Bernardino-Costa (2013) nos diz ser tão necessário. O poder de se construírem enquanto trabalhadoras reconhecidas e equiparadas aos demais trabalhadores, apesar da informalidade ainda muito presente e de todo um imaginário social machista, classista e racista a ser desconstruído, essas mulheres lutam por si mesmas, sejam elas sindicalizadas ou não.

CONSIDERAÇÕES FINAIS

Esta é uma pesquisa sobre as mais de cinco milhões de mulheres que compõem a população feminina economicamente ativa como trabalhadoras domésticas.[44] Sobre suas vivências de trabalho e o que experienciam dentro de ambientes privados, lugares de intimidade, de afeto, cuidado, mas também de tensão, conflito, e para essas mulheres, principalmente de trabalho. O lar como um espaço de trabalho é uma situação que fere de muitas formas a idealização romântica construída socialmente deste como um lugar de obrigações afetivas geradas pelo amor abnegado, qualidade tão exigida das mulheres.

Assim, a partir do que construímos ao longo da pesquisa, é perceptível que a trabalhadora doméstica encontra-se em seu espaço de trabalho como um sujeito de lugar marginal, que está sempre nas bordas, fora do lugar ou mesmo invisível. Isso porque está em um lar que não é o seu, desempenhando trabalhos de reprodução social que não são concebidos socialmente como seus (de acordo com os papeis sociais definidos por sexo, em uma perspectiva tradicional, cada mulher deve cuidar da sua própria família). Muitas vezes essas mulheres dão afeto para familiares que não são os seus, em um contexto social que não lhes pertence e nem lhes integra, utilizando-se de recursos que não lhes cabem e que não se voltarão para o seu proveito, produzindo um trabalho que não será materializado em um produto. Sua "produção" caracteriza-se pela invisibilidade.

É preciso se atentar para as questões intragênero, pois são mais complexas do que parecem. Estamos todos inseridos em uma sociedade que não dá muitas opções às mulheres sobre conciliação entre trabalho produtivo e reprodutivo. As mulheres de classe média encontraram nas trabalhadoras domésticas a solução mais viável para esse problema. E essa será a solução enquanto não ocorrerem reformas sociais, políticas públicas e remodelação do mercado, que propiciem e facilitem uma real conciliação dos dois tipos de trabalho, tanto em relação à partilha do trabalho reprodutivo com os homens quanto com o Estado, e a mudança de concepção do mercado sobre os indivíduos serem, sim, responsáveis por suas casas e famílias. Mas o que se vê, na ver-

---

44 PNAD/IBGE (2017).

dade, é a contratação de forma precária dessas mulheres pobres e, em sua maioria negras, enquanto as contratantes mulheres (assim como quando são homens, também) não veem a disponibilidade de tratar as domésticas como trabalhadoras, assim como uma grande parte dessas mulheres de classe média também são. Mas, muitas vezes, essas domésticas são tratadas como servas, e muito disso vem de concepções racistas, machistas e classistas dominantes na sociedade.

A interseccionalidade e a consubstancialidade embasaram a perspectiva que foi adotada neste livro, que procura não separar classe, raça e gênero, mas analisar tais relações presentes na vida laboral e social dessas trabalhadoras domésticas de forma imbricada, o que a todo o momento foi observado. Suas histórias e vivencias foram muito construídas por esses marcadores que se tornaram definidores de quem são em sociedade; do *status* (ou a falta dele) que ocupam enquanto indivíduos de segunda classe; das baixas condições materiais que dispõem; e de como se relacionam com seus patrões. Tais marcadores sociais inferiores em contraste com os marcadores sociais dominantes dos seus patrões geram as consequências da desigualdade social nesse meio de trabalho – a desvalorização, a exploração, a dominação e a servidão.

Foi observado que, apesar das questões apresentadas e discutidas, cada vez mais essas mulheres estão sendo vistas enquanto trabalhadoras (de fato) e tomando esse lugar, ainda que seja um processo lento de mudança social. Foram percebidas transformações em seu contexto de trabalho, mesmo diante de todos os fatores que engendram aspectos servis a essa profissão. A maioria das entrevistadas relatam sua história laboral como uma linha evolutiva no que se refere aos direitos, relacionamento com seus patrões e condições de trabalho, sobretudo entre as mensalistas que possuem mais estabilidade e uma relação de continuidade em seus empregos. Muitas vezes se referem ao passado como se marcasse uma época de trabalho ainda mais explorado, um tempo em que tinham de dormir na casa dos patrões,[45] e recebiam menores salários[46] – algumas chegaram a relatar que no início de sua carreira la-

---

[45] De acordo com dados da PNAD/IBGE, em 2009, 2,7% das trabalhadoras domésticas residiam na casa em que trabalhavam, o que equivale a aproximadamente 181,4 mil mulheres. Em 1999 esse índice era bem maior, chegando a 9%, o que mostra que essa prática está em constante decadência.

[46] Segundo a PNAD/IBGE, em 2001 a renda média mensal de uma mensalista era de R$ 179,47, enquanto que o de uma diarista chegava a R$ 253,77. Neste mesmo ano o valor do salário mínimo era de R$ 180,00. Já em 2017, em relação ao

boral, na infância ou começo da adolescência, trabalhavam até mesmo sem remuneração, muitas vezes em troca de comida ou algum agrado – como se fossem mais indefesas em relação aos abusos dos patrões.

Algumas das domésticas entrevistadas concordam que a lei 150/15 foi um marco para as mudanças vivenciadas, principalmente as mensalistas. No entanto, é um fato que além das lutas das trabalhadoras domésticas organizadas, aliadas a outros movimentos sociais, os fatores sociais e econômicos propícios a isso contribuíram para tais melhorias. O emprego doméstico é uma ocupação muito vulnerável às mudanças econômicas e políticas. Segundo Leite e Salas (2012), o que assistimos, no período entre 2002 e 2012, nos governos Lula/Dilma, é uma oposição às tendências neoliberais, com o fortalecimento do Estado, a retomada do crescimento econômico e a inserção laboral de grande parcela dos setores tradicionalmente excluídos. As medidas adotadas visavam um Estado e um mercado fortes conformando um novo modelo de desenvolvimento, resultante tanto da ação de movimentos sociais quanto de tendências econômicas capitalistas internacionais. Um desenvolvimentismo distributivo orientado pelo Estado com um viés social.

Para o mundo do trabalho, esse novo modelo desempenhou ações importantes: o aumento da vigilância do Ministério do Trabalho sobre as situações irregulares de trabalhadores de empresas; a ação do Ministério Público do Trabalho; a política de valorização do salário mínimo; e a regulamentação dos trabalhadores domésticos. Segundo dados da PNAD/IBGE, houve uma diminuição expressiva nas taxas de desemprego aberto, que passam de 9,3%, em 2005, para 6,2%, em 2012 e a queda das taxas de desemprego feminino, que diminuíram em 4%, enquanto a masculina caiu 2,5% ao longo do período analisado. Já em relação ao emprego doméstico, segundo a Pesquisa Mensal de Emprego PME/ IBGE (2013), o desemprego que era de 6,8% em 2003, em 2012 chegou a 2,2%.

Essas tendências político-econômicas foram favoráveis às trabalhadoras domésticas, especialmente no que se refere à obtenção de direitos, a maior seguridade social e trabalhista, à diminuição do desemprego e a uma maior possibilidade de ocupar outros postos ocupacionais. Isso ocorreu graças ao aumento da escolaridade entre as mais jovens e o

---

rendimento médio mensal das trabalhadoras domésticas, as diaristas ganhavam R$ 877,58 e as mensalistas, R$ 831,09, sendo o valor do salário mínimo de R$937,00 (FRAGA, 2010; FRAGA & MONTICELLI, 2018).

aumento da demanda pelo trabalho de cuidado e trabalho reprodutivo, devido ao envelhecimento da população e o aquecimento do mercado (BILAC, 2014). Tais fatores aumentaram as condições de barganha dos trabalhadores assalariados, inclusive o das trabalhadoras domésticas, que passaram a esvaziar as fileiras do exército industrial de reserva.

Dessa forma, com a reviravolta da conjuntura social, econômica e política que se inicia com o governo golpista de Michel Temer e a eleição de Jair Bolsonaro, houve um incentivo ao neoliberalismo e configurou-se um quadro de retrocessos. Considerando a alarmante extinção do Ministério do Trabalho, a reforma trabalhista e a eminência da reforma da previdência, o que se espera são caminhos conservadores e elitistas. Tais reformas combinadas pretendem retirar muitos dos direitos básicos já conquistados pelos trabalhadores e cidadãos e não há como prever o futuro da categoria aqui analisada. O trabalho doméstico remunerado, enquanto categoria historicamente frágil em garantia de direitos (recentes e de difícil cumprimento), é marcado por uma lógica escravista em termos de relações entre patrões e empregadas. Diante disso, tende a ser uma das categorias mais suscetíveis a sofrer os impactos do retrocesso social, político e econômico a que o Brasil está passando.

Apesar disso, a profissionalização está sendo incorporada pelas próprias domésticas por meio de condutas que remetem a essa demanda. Foi observado, a partir das entrevistas, que muito disso é demonstrado, por exemplo, quando as trabalhadoras negam as "afetividades" que levam a caminhos de exploração e tiram sua autonomia. Ao estabelecerem limites em relação ao teor e conteúdo do seu trabalho, e ao buscarem autonomia no que tange à moradia para que não precisem morar na casa dos seus patrões, essas mulheres constroem novos parâmetros de relação. Além dos diálogos e atitudes, muitas vezes confrontadoras, com o objetivo de demonstrarem suas insatisfações e reivindicarem melhores condições de trabalho.

Apesar das configurações cotidianas dessas mulheres trabalhadoras, há uma distância entre os direitos garantidos e seu cumprimento na prática. Ainda que sejam baixos, o número de mensalistas com carteira assinada está em crescimento. Elas ainda têm a possibilidade de serem regularizadas, já as diaristas permanecem em estado de vulnerabilidade e precarização. É preciso atenção a essa condição e ao desenvolvimento de formas de garantir direitos a essas trabalhadoras que tanto sofrem com a intensidade do trabalho e o desgaste físico que este acarreta.

A escravidão foi um período da história que chegou ao seu fim. Seus efeitos, porém, reverberam até os dias hoje. O problema racial não é algo que ficou no passado. É totalmente atual no que tange à produção da desigualdade. O fantasma da escravidão ainda assombra negros e negras em nossa sociedade, trazendo consequências que vão além da pobreza, mas também estão no âmbito da desumanização. A colonização trouxe consequências nefastas para o povo negro, produzindo mecanismos complexos que construíram um tipo de racismo que deve ser exaustivamente destrinchado nas suas formas de operação em diferentes contextos sociais.

O estudo do trabalho doméstico remunerado nos ajuda a entender, a partir de uma perspectiva particular, as estruturas hierárquicas da sociedade brasileira, uma vez que é a partir da análise da subalternidade que se tornam mais claros os mecanismos que formam o poder hegemônico. A partir do universo pesquisado, fica mais nítido que uma grande parcela das mulheres negras ainda não tem o poder de definir o seu próprio "eu" e o seu próprio caminho. De muitas formas são cerceadas, preteridas, segregadas e despersonalizadas num país onde não recebem um retorno justo pelo desempenho de seus trabalhos.

Se uma das funções da Sociologia é desmantelar as bases do pensamento coletivo naturalizado, transformado em senso comum, acredito na pesquisa acadêmica como um potencial de transformação social no sentido de contribuir para a desconstrução das imagens fixas e naturalizadas que foram construídas sobre essas mulheres e sua ocupação profissional. Além de suas condições de pobreza, subalternidade, exploração e dominação que, muitas vezes, levam à humilhação e à inferiorização numa sociedade organizada de modo a dividir o trabalho de forma que tais divisões acabam por operar como grandes barreiras que garantem os privilégios de alguns.

Nesse sentido, chamamos a atenção para o desafio analítico de pensar um trabalho que se desenvolve dentro dos lares familiares, o que torna as relações trabalhistas e pessoais tão delicadas e específicas. Além disso, há uma demanda premente por análises raciais relacionadas ao trabalho doméstico remunerado, pois ainda há muito o que se construir nessa direção. Devemos isso a essas mulheres que, invisivelmente, tiveram sua parte na construção material e cultural deste país.

REFERÊNCIAS BIBLIOGRÁFICAS

ALVES, Giovanni & ANTUNES, Ricardo. As mutações no mundo do trabalho na era da mundialização do capital. *Educ. Soc.*, Campinas, SP vol. 25, n. 87, maio/ago. 2004. p. 335-351. Disponível em: <http://www.cedes.unicamp.br>. Acesso em: out. 2017.

ÁVILA, Maria Betânia. *O tempo do trabalho das empregadas domésticas*: tensões entre exploração/dominação e resistência. Tese de Doutorado em Sociologia, Universidade Federal de Pernambuco, Recife, p. 319. 2009.

———. Divisões e tensões em torno do tempo do trabalho doméstico no cotidiano. *Revista do Observatório Brasil da Igualdade de Gênero*, Brasília, p. 67-72, 2010.

AKOTIRENE, Carla. *O que é interseccionalidade?* Belo Horizonte (MG): Letramento: Justificando, 2018.

ASSUNÇÃO, Viviane Kraieski. Alimentação e sociabilidade: apontamentos a partir e além da perspectiva simmeliana. *Revista de Ciências Humanas*, Florianópolis (SC), EDUFSC, v. 43 nº: 2. p. 523-535, outubro de 2009.

AZERÊDO, Sandra. A ânsia, o sino e a transversalidade na relação entre empregadas e patroas. *Cadernos Pagu*, Campinas (SP), (19) 2002: p.323-334. Disponível em: < http://www.scielo.br/pdf/cpa/n19/n19a14.pdf>. Acesso em: fevereiro de 2019.

BATTHYÁNY, Karina. Los Tiempos del cuidado en Uruguay. In: (editora) BATTHYÁNY, Karina. *Los Tiempos del bienestar social*. Género, trabajo no remunerado y cuidados en Uruguay. Montevideo: Inmujetes- Midi, 2015.

BEAUD, Stéphane & WEBER, Florence. *Guia para a pesquisa de campo*. Produzir e analisar dados etnográficos. Petrópolis: Vozes, 2007.

BENTO, Maria Aparecida. A mulher negra no mercado de trabalho. *Estudos Feministas*, Florianópolis, SC, p. 479-488, 1995.

BERNARDINO-COSTA, Joaze. *Sindicatos das trabalhadoras domésticas no Brasil*: teorias da descolonização e saberes subalternos. Tese de doutorado em Sociologia. Universidade de Brasília, Brasília, p. 274, 2007.

BERNARDINO-COSTA, Joaze; MORI, Natália; FLEISCHER, Soraya. Introdução. In: MORI, Natalia; FLEISCHER, Soraya; FIGUEIREDO, Ângela; BERNARDINO-COSTA, Joaze; CRUZ, Tânia. Orgs. *Tensões e experiências*: um retrato das trabalhadoras domésticas de Brasília e Salvador. 1ª Ed, Brasília: CFEMEA: MDG3 Fund, 232p., 2011.

BILAC, Elisabete Dória. Trabalho e família: articulações possíveis. *Tempo Social*, São Paulo, v. 26, n. 1, p. 129-145, 2014.

BORIS, Eileen. Produção e reprodução, casa e trabalho. *Tempo Social*, São Paulo, v. 26, n. 1, p. 101-121, 2014.

BOURDIEU, Pierre. Uma Ciência que perturba. In: *Questões de sociologia.* Rio de Janeiro: Marco Zero, 1983.

BOURDIEU, Pierre. Compreender. In: *A miséria do mundo.* Petrópolis, RJ: Vozes, 1997.

BRITES, Jurema. *Afeto, Desigualdade e Rebeldia:* bastidores do serviço doméstico. Tese de Doutorado em Antropologia Social, Universidade Federal do Rio Grande do Sul, Porto Alegre, 239, p. 2000.

BRASIL. Constituição Federal de 1988. Promulgada em 5 de outubro de 1988. Lei Complementar nº 150, de 1º de junho de 2015. Dispõe sobre o contrato do trabalho doméstico. Disponível em: <http://www.planalto.gov.br/ccivil_03/leis/LCP/Lcp150.htm>. Acesso em: janeiro de 2018.

CAMARANO, Ana Amélia. Cuidados de longa duração para a população idosa: um novo risco social a ser assumido? In: CAMARANO, Ana Amélia (org.). *Cuidados de longa duração para a população idosa:* um novo risco social a ser assumido? Instituto de Pesquisa Econômica Aplicada – IPEA, 2010.

CANO, Ignácio. Nas trincheiras do método: o ensino da metodologia das Ciências Sociais no Brasil. *Sociologias,* Porto Alegre, ano 14, nº: 31, p. 94-119. set./dez. 2012. Disponível em: <http://www.scielo.br/pdf/soc/v14n31/05.pdf>. Acesso em: agosto de 2017.

CARBY, Hazel. Mujeres blancas, ¡escuchad! El feminismo negro y los límites de la hermandad femenina. In: JABARDO, Mercedes (ed). *Feminismos negros.* Una antologia. Madrid: Traficantes de Sueños, 2012.

CARNEIRO, Suely. *Racismo, sexismo e desigualdade no Brasil.* São Paulo: Selo Negro, 2011.

COELHO, Maria Claudia. *O valor das intenções:* dádiva, emoção e identidade. Rio de Janeiro: FGV, 2006ª.

COELHO, Maria Claudia & REZENDE, Claudia Barcellos. *Antropologia das emoções.* Rio de Janeiro: Editora FGV, 2010.

CRENSHAW, Kimberlé. Mapping the Margins: Intersectionality, Identity Politics, and Violence Against Women of Color. *Stanford Law Review,* v. 43, n.6, p. 1241-1299, 1991.

CRENSHAW, Kimberlé. Documento para o Encontro de Especialistas em Aspectos da Discriminação Racial Relativos ao Gênero. *Revista Estudos Feministas*, Florianópolis (SC). 10 (1), p. 171-188, 2002.

DAMASCENO, Caetana Maria. Em casa de enforcado não se fala em corda: notas sobre a construção social da boa aparência no Brasil. In: GUIMARÃES, A.; HUNTLEY, L. *Tirando a máscara.* Ensaio sobre o racismo no Brasil. São Paulo: Paz e Terra, 2000.

DAVIS, Ângela. *Mulher, raça e classe.* São Paulo: Boitempo, 2016.

DIEESE. *Emprego doméstico no Brasil.* Estudos e pesquisas. V. 68, 27p. agosto 2013.

FALQUET, Jules. Transformações neoliberais do trabalho das mulheres. Liberação ou novas formas de apropriação? In: ABREU, Alice; HIRATA, Helena; LOMBARDI, Maria Rosa (orgs.). *Gênero e trabalho no Brasil e na França:* perspectivas interseccionais. 1ª Ed. São Paulo: Boitempo, 2016.

FIGUEIREDO, Ângela. Condições e contradições do trabalho doméstico em Salvador. In: MORI, Natalia; FLEISCHER, Soraya; FIGUEIREDO, Ângela; BERNARDINO-COSTA, Joaze; CRUZ, e Tânia. Orgs. *Tensões e experiências:* um retrato das trabalhadoras domésticas de Brasília e Salvador. 1ª Ed. Brasília: CFEMEA: MDG3 Fund, 232p., 2011.

FRAGA, Alexandre Barbosa & MONTICELLI, Thays Almeida. *Quem são as diaristas?* Uma análise das estruturas legais e culturais na articulação entre trabalho e família. Artigo apresentado em: 42º Entro Anual da Anpocs. GT13 – Gênero, trabalho e família. 22-26 de outubro de 2018. Caxambu (MG).

FRAGA, Alexandre Barbosa. *Da empregada a diarista:* as novas configurações do trabalho doméstico remunerado. Dissertação de mestrado em Sociologia. Universidade Federal do Rio de Janeiro, Rio de Janeiro, 173p., 2010.

FRASER, Nancy. Da Redistribuição ao Reconhecimento? Dilemas da Justiça na era Pós-Socialista. **Cadernos de Campo**, São Paulo, n. 14/15, p. 231-239, 2006.

FREITAS, Jeferson Belarmino de. *Desigualdades em distância.* Gênero, classe humilhação e raça no cotidiano do emprego doméstico. Dissertação de mestrado em Sociologia, Universidade de São Paulo, São Paulo, 220p. 2010.

FREYRE, Gilberto. *Casa grande & senzala:* formação da família brasileira sob o regime da economia patriarcal. 48º Ed. rev. São Paulo: Global, 2003 [1933].

GAMA, Andréa. O conflito trabalho e vida familiar na produção/reprodução social capitalista. In: *Trabalho, família e gênero:* impactos dos Direitos do Trabalho e da Educação Infantil. São Paulo: Cortez, 2014.

GOLDSTEIN, Donna. The Aesthtics of Domination: Class, Culture, and the Lives of Domestic Workers. In: *Laughter out of place:* Race, Class and Sexuality in a Rio Shanytown. Berkeley, University of California Press, 2003.

GOMES, Nilma Lino. Alguns termos e conceitos presentes no debate sobre relações raciais no Brasil: uma breve discussão. In: BRASIL. *Educação Antirracista*: caminhos abertos pela Lei federal nº 10.639/03. Brasília, MEC, Secretaria de educação continuada e alfabetização e diversidade, p. 39-62, 2005.

GONZALEZ, Lélia. *Cultura, Etnicidade e Trabalho*: Efeitos Linguísticos e Políticos da Exploração da Mulher. Artigo apresentado em: 8º Encontro Nacional da Latin American Studies Association. 1979. Pittsburg.

GONZALEZ, Lélia. Racismo e Sexismo na Cultura Brasileira. *Revista Ciências Sociais Hoje*, Anpocs, São Paulo, p. 223-244, 1984.

GRAHAM, Sandra Lauderdale. *Proteção e obediência*, criadas e seus patrões no Rio de Janeiro 1860-1910. São Paulo: Companhia das Letras, 1992.

GUILLAUMIN, Collet. *Sexe, race et pratique du pouvoir:* l'idée de Nature. Paris, Côte- femmes, 1992 [1978].

GUIMARÃES, Antonio Sérgio Alfredo. *Racismo e antirracismo no Brasil*. 3ª. ed. São Paulo: Editora 34, 2009.

GUIMARÃES, Nadya. Os desafios da equidade: reestruturação e desigualdades de gênero e raça no Brasil. *Cadernos Pagu*, Campinas, SP (17/18), p.237-266, 2001.

HAHNER, June Edith. *Pobreza e política:* os pobres urbanos no Brasil (1970-1920). Brasília: UNIB, 1993.

HENNING, Carlos Eduardo. Interseccionalidade e pensamento feminista: as contribuições históricas e os debates contemporâneos acerca do entrelaçamento de marcadores sociais da diferença. *Mediações,* Londrina (PR) v.20 n.2, p. 97-128, 2015.

HIRATA, Helena. *Nova divisão sexual do trabalho?* São Paulo: Boitempo, 2002.

HIRATA, Helena. Gênero, Raça e Classe: Interseccionalidade e consubstancialidade das relações sociais. *Tempo Social,* revista de sociologia da USP, São Paulo, v. 26, n. 1, p. 61-73, 2014.

HIRATA, Helena & KERGOAT, Danièle. Novas configurações da divisão sexual do trabalho. *Cadernos de Pesquisa*, São Paulo, v. 37, n. 132, set./dez, 2007.

HIRATA, Helena & ZARIFIAN, Phillippe. Travail (le concept de). In: Hirata, at al (orgs). *Dictionnaire Critique du Féminisme.* PUF, Paris, p. 230-235, 2000.

HOOKS, bell. Intelectuais negras. *Revista Estudos Feministas,* Florianópolis (SC), v. 3, n. 2, p. 464-478, 2. sem. 1995.

HOOKS, bell. *Não sou eu uma mulher*: mulheres negras e feminismo. Tradução da Plataforma Gueto, 2014. Disponível em: <https://plataformagueto.files.wordpress.com/2014/12/nc3a3o-sou-eu-uma-mulher_traduzido.pdf>. Acesso em: dezembro 2018.

JUTEAU, Danielle & LAURIN, Nicole. L'évolution des forms d'appropriation des femmes: des religieuses aux "mères porteuses". *Revue Canadienne de Sociologie et D'anthropologie*, v. 25, n. 2, p. 183- 207, 1988.

KATZ, Jacks. *Seductions of crime.* New York: Basic Books, 1988.

KERGOAT, Danièle. Verbete divisão sexual do trabalho e relações sociais de sexo. In: HIRATA, Helena et al (orgs). *Dicionário crítico do feminismo.* São Paulo: Unesp, 2009.

KERGOAT, Danièle. Dinâmica e consubstancialidade das relações sociais. *Novos Estudos,* São Paulo, v.86, p. 93-103, março, 2010.

KERGOAT, Danièle. O Cuidado e a imbricação das relações sociais. In: ABREU, Alice; HIRATA, Helena; LOMBARDI, Maria Rosa. *Gênero e trabalho no Brasil e na França:* perspectivas interseccionais. 1. ed. São Paulo: Boitempo, 2016.

KOFES, Suely. *Mulher, mulheres:* identidade, diferença e desigualdade na relação entre patroas e empregadas domésticas. Campinas (SP): Editora da Unicamp, 2001.

LAMOUREAUX, Diane. Verbete público/privado. In: HIRATA, Helena et al (orgs). *Dicionário crítico do feminismo.* São Paulo: Unesp, 2009.

LEITE, Márcia de Paula & SALAS, Carlos. Trabalho e desigualdades sob um novo modelo de desenvolvimento. *Tempo Social,* São Paulo, v. 26, n. 1, p. 87-100, junho 2014.

MACHADO, Maria Helena P. T. Entre dois Beneditos: histórias de amas de leite no ocaso da escravidão. In: XAVIER, Giovana; FARIAS, Juliana Barreto; GOMES, Flávio (orgs.). *Mulheres negras no Brasil escravista e do pós- emancipação.* **São Paulo: Selo Negro, 2012.**

MARX, Karl. *O capital.* Rio de Janeiro: Zahar Editores, 1978.

MCCLINTOCK, Anne. Couro imperial. Raça travestismo e o culto da domesticidade. *Cadernos Pagu,* Campinas (SP), (20), p.7-85, 2003.

MONTICELLI, Thays Almeida. *Diaristas, afeto e escolha:* Ressignificações no trabalho doméstico remunerado. Dissertação de mestrado em Sociologia. Universidade Federal do Paraná. Curitiba, 169p., 2013.

NERI, Marcelo Côrtes. *A Nova Classe Média.* Rio de Janeiro: CPS, 2008.

NOGUEIRA, Claudia. *A feminização no mundo do trabalho:* entre a emancipação e a precarização. Campinas: Autores Associados, 2003.

NUN, José. Superpopulação relativa, exército industrial de reserva e massa marginal. In: PEREIRA, Luiz (org.). *Populações "marginais".* São Paulo: Duas Cidades, p. 73-141, 1978.

ORTNER, Sherry. *Poder e projetos:* reflexões sobre a agência. Anais da 25ª Reunião Brasileira de Antropologia - Conferências e diálogos: saber e práticas antropológicas. Goiânia: Ed. Nova Letra, 2006.

PAIXÃO, Marcelo. *500 anos de solidão:* ensaios sobre as desigualdades raciais no Brasil.1ª ed. Curitiba: Appris, 2013.

PINHEIRO, Luana; FONTOURA, Natália; PEDROSA, Claudia. Situação atual das trabalhadoras domésticas no Brasil. In: MORI, Natalia; FLEISCHER, Soraya; FIGUEIREDO, Ângela; BERNARDINO- COSTA, Joaze; CRUZ, Tânia. Orgs. *Tensões e experiências:* um retrato das trabalhadoras domésticas de Brasília e Salvador. 1ª Ed. Brasília: CFEMEA: MDG3 Fund, 232p. 2011.

PRINS, Baukje. Narrative accounts of origins: a Blind Spot in the Intersectional Approach? *European Journal of Women's Studies* (UK and US), v.13 n.3, p.277-290, 2006.

QUEIROZ, Maria Isaura Pereira. *Variações sobre a técnica de gravador no registro da informação viva.* São Paulo: T. A. Queiroz, 1991.

QUEIROZ, Maria Isaura Pereira. O pesquisador, o problema da pesquisa, a escolha de técnicas: algumas reflexões. In: LUCENA, Célia Toledo et all (orgs). **Pesquisa em Ciências Sociais:** olhares de Maria Isaura Pereira de Queiroz. São Paulo: CERU, 2008.

QUIJANO, Anibal. Colonialidade do poder, Eurocentrismo e America Latina. In LANDER, Edgardo (org.) *A Colonialidade do Saber:* eurocentrismo e Ciências Sociais. Perspectivas Latino-americanas. Clacso, Consejo Latinoamericano de Ciências Socialies, Ciudad Autônoma de Buenos Aires. Argentina. Setembro de 2005.

RIBEIRO, Djamila. *O que é lugar de fala?* Belo Horizonte (MG): Letramento: Justificando, 2017.

ROBERTS, Doroty. Spiritual and Menial Housework. *Faculty Scholarship,* Valdosta (GA), p. 51- 80, 1997. Disponível em: <http://scholarship.law.upenn.edu/faculty_scholarship/1282> Acesso em: out. 2017.

SAGLIO- YATZIMIRSKY, Marie- Caroline. A comida dos favelados. *Estudos avançados,* São Paulo, 20(58), p.123-132, 2006. Disponívelem:<http://www.revistas.usp.br/eav/article/view/10184/11771>. Acesso em: fevereiro de 2019.

SIMMEL, Georg. Sociologia das refeições. *Estudos Históricos,* 33, Rio de Janeiro, 2004

SORJ, Bila. Socialização do cuidado e desigualdades sociais. *Tempo Social,* São Paulo, v. 26, n. 1, p. 123-128, 2014.

SOUZA, Flávia Fernanda de. *Criados ou empregados?* Sobre o trabalho doméstico na cidade do Rio de janeiro no antes e no depois da abolição da escravidão. Artigo apresentado em: ANPUH Brasil. XXVII Simpósio Nacional de História. 22- 26 de julho de 2013. Natal (RN).

TELLES, Lorena Féres da Silva. Amas de leite. In: SCHWARCZ, Lilia; GOMES, Flávio (orgs). *Dicionário da escravidão e liberdade.* Rio de Janeiro: Companhia das letras, 2018.

TRUTH, Sojourner. E não sou uma mulher? – Sojourner Truth. Tradução de Osmundo Pinho, Geledés, 8 jan. 2014. Disponível em:<https://www.geledes.org.br/e-nao-sou-uma-mulher-sojourner-truth/.>. Acesso em: nov. 2018.

VELHO, Gilberto. O patrão e as empregadas domésticas. *Sociologia,* problemas e práticas. n. 69, p. 13-30, 2012.

XAVIER, Giovana. Entre personagens. Tipologias e rótulos da "diferença": a mulher escrava na ficção do Rio de Janeiro no século XIX. In: XAVIER, Giovana; FARIAS, Juliana Barreto; GOMES, Flávio (orgs.). *Mulheres negras no Brasil escravista e do pós-emancipação.* São Paulo: Selo Negro, 2012.

ANEXO

ANEXO 1- ROTEIRO DE ENTREVISTAS APLICADO ÀS TRABALHADORAS DOMÉSTICAS

1. Dados gerais:

Nome:

Idade:

Qual a sua cor/raça?

Grau de escolaridade:

Em qual bairro você mora?

Em qual bairro fica a casa dos seus patrões?

Desde quando começou a trabalhar como doméstica?

Você é diarista ou mensalista?

2. Cotidiano e condições de trabalho:

Como sua atual patroa te contratou?

Como ela chegou até você?

Como foi a conversa inicial de vocês?

Você tem carteira assinada?

Em quantas casas você trabalha?

Quantas vezes por semana?

Quem dita as regras e as condições de trabalho?

Como, por exemplo, quantas horas de trabalho serão ou o valor do salário?

Qual sua renda mensal?

3. Relação com o trabalho:

Conte-me um pouco do seu histórico de trabalho como doméstica?

Você se vê como empregada doméstica até se aposentar ou esse é um trabalho passageiro?

Quais as vantagens e desvantagens de ser trabalhadora doméstica?

4. Relações e interações com os patrões:

Quais as tarefas domésticas que você tem que realizar na casa?

Quais tarefas você prefere fazer e quais você não gosta?

Seus patrões fazem alguma tarefa doméstica enquanto você está trabalhando ou quando não está na casa deles?

Como são disponibilizados a você os produtos da casa? Em relação aos produtos de higiene pessoas, os alimentos, a roupa de cama e etc.

Como é sua relação com seus atuais patrões?

Quais foram seus melhores patrões? Por quê?
Seus atuais patrões já fizeram você se sentir mal alguma vez?
Humilhada, desrespeitada ou menor do que eles?
E sobre os seus antigos patrões, já aconteceu algo do tipo?
Você já enfrentou alguma situação difícil com a sua patroa? Algo que te deixasse mal?
E com o seu patrão (companheiro ou marido da sua patroa)?
Qual é a cor dos seus atuais patrões?
Eles têm filhos? Qual sua relação com eles?
Se você pudesse mudar algo nas suas condições de trabalho e no relacionamento com os seus patrões o que você mudaria?

- editoraletramento
- editoraletramento
- grupoletramento
- editoraletramento.com.br
- company/grupoeditorialletramento
- contato@editoraletramento.com.br

- casadodireito.com
- casadodireitoed
- casadodireito

Grupo Editorial LETRAMENTO